FICHA CATALOGRÁFICA

(Preparada na Editora)

F41d

Fernandes, Paulo Cezar, 1960-
Décimo quarto apóstolo (O) / Paulo Cezar Fernandes.
Araras, SP, IDE, 1ª edição, 2017.
320 p.
ISBN 978-85-7341-705-0
1. Allan Kardec, 1804-1869. 2. Espiritismo. I. Título.

CDD - 133.9
-133.901 3

Índices para catálogo sistemático

1. Espiritismo 133.9
2. Vida depois da morte: Espiritismo 133.901 3

O DÉCIMO QUARTO APÓSTOLO

ISBN 978-85-7341-705-0

1ª edição - abril/2017

Copyright © 2017,
Instituto de Difusão Espírita - IDE

Conselho Editorial:
Doralice Scanavini Volk
Orson Peter Carrara
Wilson Frungilo Júnior

Coordenação:
Jairo Lorenzeti

Revisão de texto:
Mariana Frungilo Paraluppi

Capa:
César França de Oliveira

Diagramação:
Maria Isabel Estéfano Rissi

INSTITUTO DE DIFUSÃO ESPÍRITA - IDE
Av. Otto Barreto, 1067 - Cx. Postal 110
CEP 13600-970 - Araras/SP - Brasil
Fone (19) 3543-2400
CNPJ 44.220.101/0001-43
Inscrição Estadual 182.010.405.118

www.ideeditora.com.br
editorial@ideeditora.com.br

Todos os direitos reservados. Nenhuma parte desta publicação pode ser reproduzida, armazenada ou transmitida, total ou parcialmente, por quaisquer métodos ou processos, sem autorização do detentor do copyright.

Ciência . Filosofia . Religião

O DÉCIMO QUARTO APÓSTOLO

Paulo Cezar Fernandes

ide

SUMÁRIO

PREFÁCIO, 9

1 - O CHAMADO, 17

2 - A MISSÃO, 37

3 - O CONTEXTO FILOSÓFICO DO ESPIRITISMO, 49

4 - O FILÓSOFO RACIONALISTA, 72

5 - O PESQUISADOR DO ESPÍRITO, 113

6 - UMA NOVA CIÊNCIA, 188

7 - O TEÓLOGO RACIONAL, 239

8 - O DÉCIMO QUARTO APÓSTOLO, 269

REFERÊNCIAS, 313

PREFÁCIO

O PRESENTE TRABALHO não visa apresentar uma biografia do filósofo e cientista Allan Kardec, mas trata-se de uma tentativa de apreender, diretamente de seus comentários aos textos formulados pelos Espíritos e por ele organizados sob a forma do pentateuco Espírita, os princípios fundamentais de sua filosofia e teologia, nas elevadas máximas morais do Cristo incorporadas pelo homem Hippolyte Léon Denizard Rivail, apresentadas em notas e comentários por ele expostas na monumental obra dada à humanidade sob a coordenação do próprio Jesus, que se lhe revelou como sendo o Espírito de Verdade.

Como as diversas e bem fundamentadas biografias de Allan Kardec já dadas a público demonstraram sua inquestionável capacidade intelecto-

-cultural, bem como sua bem estruturada formação como pedagogo, adquirida na escola e no convívio direto com o mestre Johann Heinrich Pestalozzi, abster-me-ei da apresentação de fatos de sua vida pessoal, limitando-me a trazer a lume tão somente suas meditações filosóficas, religiosas e científicas, a partir de seus próprios excertos aos textos dos Espíritos, especialmente naqueles nos quais suas concepções de moralidade foram evidenciadas, a saber, *O Livro dos Espíritos*, *O Livro dos Médiuns*, *O Evangelho Segundo o Espiritismo*, *A Gênese* e as *Obras Póstumas*, além de algumas experiências doutrinárias que ele revela na *Revista Espírita*.

O objetivo deste ensaio não é outro, portanto, senão o de mostrar a atualidade e a necessidade da Ética Espírita na contemporaneidade, entendendo-se a Ética no seu sentido original, filosófico, tal como formulado por Immanuel Kant, a saber, como a postura Moral que se realiza no mundo exclusivamente por um impulso interno do Ser dotado de vontade livre, e, pois, de uma Razão que é, antes de tudo, prática e age mediante a plena autonomia da vontade de um Espírito verdadeiramente livre.

Evidenciando sua plena compreensão da Lei e a solidez de sua Fé, Kardec concluiu que esta realidade Ética alcançará toda a humanidade a partir do momento em que as elevadas máximas morais do Cristo, esclarecidas pela Lei do Progresso espiritual que se cumpre pelo princípio da reencarnação, forem plenamente compreendidas e iluminarem as bases religiosas do mundo contemporâneo e a própria história das religiões, incorporando-se à vida prática de cada indivíduo. Por isso, o organizador dos trabalhos dos Espíritos fez dessa realidade o seu único estandarte para a Verdade, contribuindo de maneira fundamental para o estabelecimento definitivo do Reino de Deus entre os Homens.

Para fazer justiça ao trabalho de Allan Kardec, embora o objetivo primeiro deste livro seja destacar a fidelidade deste apóstolo do pensamento cristão aos ensinos do Mestre de Nazaré, necessário é apresentar os principais resultados do enorme trabalho filosófico e científico por ele realizado como propedêutica fundamental à perfeita compreensão do elevado pensamento de Jesus, uma vez que ele responde integralmente a todas as graves questões ainda pendentes nos meios científicos e filosóficos, trabalho esse que iluminará os passos da Humanidade com o brilho da própria Verdade Cristã.

Meu enorme desafio será mostrar o refinado Filósofo e o valoroso Cientista numa linguagem acessível à pessoa comum, sem, entretanto, chocar os intelectuais espíritas. Por isso, conto com a compreensão e a paciência do amigo leitor para com a propedêutica e, porém necessária apresentação de alguns conceitos filosóficos, os quais tornam ainda mais evidentes o valoroso trabalho filosófico de Kardec. Tal se dará, entretanto, apenas como uma preparação do caminho a que ele certamente conduz tanto o simpatizante quanto o crítico honesto, ao ponto mais importante de sua jornada, que é mostrar a finalidade última a que pode almejar toda a Ciência e a Filosofia, a moralização da humanidade.

É sabido que o conhecimento avança conforme avançam as Ciências e, sobretudo, a Filosofia, por isso, a fim de evidenciar a atualidade das ideias e princípios defendidos por Kardec, é necessária uma contextualização de seu pensamento às novas descobertas e posturas científicas, uma vez que, como ele mesmo destaca, a Filosofia Espírita remonta à mais distante Antiguidade, e a Moral propagada pelo Espiritismo é a do Cristo, a mais vasta e elevada Filosofia já formulada, a qual foi exposta em toda a sua altivez e luminosidade por Allan Kardec, este que é o Apóstolo de uma Fé não exaltada, mas, sim, raciocinada.

Embora este livro seja o resultado de um esforço absolutamente intelectual, o seu título me foi dado por Heráclito, um Espírito Amigo, em um momento de inspiração que imediatamente sucedeu à minha aceitação do convite para escrevê-lo, de modo que minhas pesquisas e a linha mestra determinantes do próprio desenvolvimento da obra foram norteadas desde o primeiro momento por esta enorme carga de significado que o seu título revela. O objetivo dessa condução foi mostrar que a fidelidade de Allan Kardec aos ensinamentos do Cristo, com os esclarecimentos dos Espíritos enviados pelo próprio Espírito de Verdade, credenciam-no à dignidade do mesmo título apostolar adquirido por Paulo, o Décimo Terceiro Apóstolo.

Apesar de a história do Cristianismo nestes dois mil anos ter revelado um razoável número de Espíritos que, por sua dedicação e fidelidade à Moral de Jesus, merecessem o título de Apóstolos, e, de fato, muitos o foram dentro dos limites das tarefas verdadeiramente cristãs que cada um deles abraçou no momento histórico em que, como Homens, viveram novas realidades encarnados, o paradigma apresentado para aferição do trabalho realizado por Allan Kardec foi exatamente o do Apóstolo Paulo, especialmente por sustentarem ambos autorizadas personalidades filosóficas que os levaram a defender a realidade espiritual e a Moral do Cristo entre as mais destacadas inteligências adversárias do seu tempo.

As novas arenas de disputas teológicas e filosóficas nas quais se encontrava Kardec não eram mais a ágora ateniense ou as sinagogas frequentadas por Paulo, mas, sim, os centros e academias de ciências das mais destacadas universidades da Europa, e os adversários não eram mais os filósofos gregos, estoicos e epicuristas, mas, sim, o materialismo filosófico de uma Europa cegamente entusiasmada pela ciência, e, sobretudo, os religiosos dogmáticos cujas posturas produziam ainda mais danos ao Espírito do que a crença em diversos deuses dos rituais pagãos.

Como Paulo, Kardec também adentrou voluntariamente na arena, e enfrentaram o desafio de mostrar, o primeiro, pela elevada filosofia adquirida na sua formação judaica e por sua experiência religiosa, a sobrevivência e a ressurreição do Espírito Jesus, e, o segundo, além dessas duas potências da razão, também pelo conhecimento científico resultado das suas experiências junto dos Espíritos, a realidade da preexistência e transmigração das Almas e a perfeita autoridade Moral de Jesus para cumprimento da lei de evolução espiritual. Ambos atenderam com louvor suas missões e se credenciaram, assim, ao título de Apóstolos do Cristo, embora, na humildade que também os identifica, igualmente se disseram indignos de serem reconhecidos por esse nobre título.

Outros pontos de identidade poderiam ser destacados entre ambos os Apóstolos, especialmente a personalidade combativa que os auxiliou no enfrentamento das maiores calúnias e injúrias pessoais sem descurarem da missão. No entanto, outras características apostólicas mais significativas identificam Paulo e Kardec como Apóstolos do Cristo, tais como as inúmeras epístolas por eles trocadas com a comunidade de adeptos então nascente, bem como as frequentes viagens que realizavam para esclarecimento pessoal dos simpatizantes da Causa, sempre com sacrifícios econômicos próprios e da sua integridade física, o que os levou a igualmente sucumbirem em virtude desses esforços para divulgação da Verdade.

Atualmente, em virtude da tradução de um texto antigo conhecido como o *Evangelho de Madalena*, muito se vem analisando a possibilidade de poder ter sido esta fiel discípula de Jesus a Décima Terceira Apóstola do Cristo de Nazaré. Pelo conhecimento histórico e revelado que já me foi possível adquirir da vida deste nobre Espírito, pessoalmente ficaria muito feliz em assim considerá-la, principalmente, porque, como o próprio Paulo, tendo ela conhecido Jesus, prontamente modificou o seu modo de vida, morrendo para o mundo para trabalhar para o Cristo, o que, sem dúvidas, revela um traço do caráter apostolar. Mas esta é uma análise que deixarei para um outro momento e obra.

O objetivo deste livro é, portanto, mostrar a importância do trabalho de Allan Kardec na defesa da Moral de Jesus, especialmente informada sobre o princípio da reencarnação e com vistas ao atendimento da lei do progresso do Espírito, uma das leis de Deus. A comprovação empírica da preexistência e da transmigração das Almas por ele realizada foi de fundamental importância para o esclarecimento definitivo das máximas de moralidade formuladas por Jesus, derrubando dogmas milenares e convertendo o cristianismo numa verdadeira religião e ciência natural.

Outrossim, ao mesmo tempo em que o Espiritismo resgata o cristianismo primitivo, ao comprovar cientificamente a constante relação dos Espíritos com os Homens e, com isso, a absoluta solidariedade e influência recíproca entre esses dois estados do Ser Humano, lança novas luzes sobre alguns pontos ainda um tanto obscuros para o Ocidente, nas religiões orientais de origem védica, tais como as diversas vertentes do Hinduísmo e o Budismo, vinculando, pois, de modo definitivo, a religião cristã com aqueles ensinos do Oriente, o que em nada poderia espantar qualquer adepto das lições do Cristo, já que todas as verdadeiras religiões tratam da manifestação da Vontade Soberana de um Único e mesmo Deus.

Assim, este livro, que visava tão somente prestar uma singela homenagem a Allan Kardec por ocasião da comemoração de 160 anos do lançamento de *O Livro dos Espíritos*, evidenciou-me a experiência genuína de um verdadeiro Apóstolo, não somente por uma postura existencial inabalável na defesa das máximas e princípios morais do seu Mestre, mas, fundamentalmente, por aquilo que sempre caracteriza um autêntico trabalhador da Verdade, as imperecíveis obras de Amor que a Allan Kardec Ele inspirou.

Capítulo 1

O CHAMADO

UMA DAS NARRATIVAS que mais me intrigam nos Evangelhos é a forma espontânea como os primeiros discípulos atenderam ao chamado de Jesus. A hipótese de que Ele teria vivido fora de sua região natal, no período compreendido entre seus doze e trinta anos, parece referendada na forma como Ele se aproxima dos primeiros Apóstolos. Pela narrativa evangélica, Jesus mostra conhecer as pessoas por Ele chamadas, enquanto aquelas ignoravam de quem se tratava. Em Mateus, encontramos parte dessa história:

> Estando ele a caminhar junto ao mar da Galileia, viu dois irmãos: Simão, chamado Pedro, e seu irmão André, que lançavam a rede ao mar, pois eram pescadores. Disse-lhes: "Segui-me, e eu farei de vós pescadores

de homens." Eles, deixando imediatamente as redes, seguiram-no. Continuando a caminhar, viu outros dois irmãos: Tiago, filho de Zebedeu, e seu irmão João, no barco com o pai Zebedeu, a consertar as redes. E os chamou. Eles, deixando imediatamente o barco e o pai, seguiram-no. (Mt 4.18-21).

Essa história mostra que nenhum dos primeiros convidados titubeou em atender ao chamado de Jesus, muito ao contrário, deixaram imediatamente os seus afazeres e seguiram aquele Mestre então desconhecido. Apesar de simples pescadores, sem nenhuma formação filosófica, no entanto, diante daquele que é a representação da Verdade, subitamente imersos naquela irresistível presença, atenderam de pronto ao seu chamado.

Fato idêntico deu-se com o próprio evangelista Mateus, autor daquela narrativa, pois, embora este fosse, ao contrário dos anteriores, homem dotado de vasta cultura, adquirida como coletor de impostos para o império romano, ao ouvir o convite do Mestre, levantou-se de seu posto e seguiu-o. É ele mesmo quem assim relata o seu chamado:

> Indo adiante, viu Jesus um homem chamado Mateus, sentado na coletoria de impostos, e disse-lhe: "Segue-me". Este, levantando-se, seguiu-o. (Mt 9.9).

Assim se deu também com os demais apóstolos, inclusive o mais controverso deles, Judas, o qual, não obstante seus interesses políticos, seguiu incontinênti o convite de Jesus para a construção do Novo Reino entre os Homens. Nem mesmo seus equívocos posteriores quanto ao real significado daquele projeto de Jesus invalidaram, absolutamente, sua fé no divino Messias. Atualmente, suas verdadeiras intenções podem ser muito melhor esclarecidas a partir de alguns textos antigos recentemente descobertos, especialmente o denominado *Evangelho de Judas*, no qual são destacadas as virtudes do historicamente injustiçado discípulo.

É sabido pela maioria dos adeptos do Espiritismo a forma como o filósofo e professor Hyppolite Léon Denizard Rivail, posteriormente conhecido como Allan Kardec, recebeu o chamado do Coordenador do Espiritismo, o Espírito de Verdade. Totalmente alheio e até mesmo cético em relação ao misticismo, na qualidade de um respeitado homem das letras e um entusiasta da Ciência, recebera um convite para participar das investigações de alguns fenômenos insólitos famosos na Paris da metade do século XIX, sob o nome de "mesas girantes", cujas causas eram absolutamente desconhecidas, mas que divertiam os salões nobres daquela sociedade.

Sem nem mesmo suspeitar do trabalho que iniciaria e que constituiria uma nova doutrina, o Espiritismo, porém, como todo bom pesquisador racionalista, inspirado em suas investigações pelo método positivista que se pauta eminentemente na metodologia da observação, ele atendeu ao convite com a natural prudência de um homem que, posteriormente, viria a ser chamado por Camille Flamarion, o cientista fundador do observatório astronômico de Paris, como "o bom senso encarnado".

Convencido pelos fatos espirituais que presenciou e vindo a conhecer pela continuidade das pesquisas que realizou a causa transcendente dos mesmos, qual seja, a ação de Inteligências desencarnadas que se identificaram como Espíritos, as quais se mostraram dotadas de todas as suas faculdades e potências intelecto-sentimentais, e após o nobre pedagogo esgotar a fase das descobertas das leis e princípios que sustentam o Universo e a Vida, compreendeu, o professor Rivail, que estava diante de uma nova Filosofia e Ciência, que, unidas, atestavam, de modo inédito, uma finalidade moral para a existência humana.

Como, apesar de sua formação religiosa de origem católica, não era homem dado às crenças místicas sem fundamento, sua convocação para organizar o conjunto de conhecimentos novos que seriam trazidos à humanidade sob o nome de *Doutrina dos Espíritos* deu-se tanto por sua capacidade investigativa quanto, sobretudo, por sua absoluta intransigência com o falso. Esta sua postura resultaria num dos mais eficientes princípios para a epistemologia do Espírito, a nova Ciência do conhecimento transcendente por ele organizada, o qual seria deduzido no capítulo 20 de *O Livro dos Médiuns:*

Mais válido é rejeitar dez verdades do que admitir uma mentira.

Assim, por sua fidelidade ao que se evidencia verdadeiro, Kardec fora convidado por alguns amigos que reconheciam seu irretorquível critério racionalista, para investigar e organizar as pesquisas sobre aqueles fenômenos espirituais que assombravam a sociedade e o mundo filosófico-científico do século XIX. No entanto, por seu arguto intelecto, diante das primeiras manifestações inteligentes produzidas pelas potências espirituais que se encontravam por detrás daqueles fatos, antevira ele as mais importantes consequências morais para toda a humanidade.

Por ser um verdadeiro homem das Ciências, Kardec compreendeu que naquele momento era revelada uma realidade espiritual que exigia ser estudada por uma nova Ciência, já que as modalidades de pesquisas até então desenvolvidas eram incompetentes para analisar e criticar aqueles incontestes fenômenos. O trabalho que ele, então, empreendeu resultou na mais eficiente metodologia para investigação dessa realidade humana que, até então, pensava-se transcendente, mas que, de fato, demonstrou-se imanente à própria Vida, inaugurando uma nova era de pesquisas para toda a humanidade, sob os mais rigorosos critérios positivistas de investigação, e que foi registrada integralmente em *O Livro dos Médiuns*.

Somente com o avançar das experiências e com o domínio da lógica e da ciência subjacentes àqueles estranhos fenômenos, foi-lhe esclarecida a identidade do verdadeiro coordenador desses trabalhos, o próprio Espírito que, há dois mil anos, reencarnou com o nome de Jesus, o qual agora se apresentava como o *Espírito de Verdade*. Assim, Kardec fora escolhido diretamente por Jesus para organizar aquele trabalho por sua absoluta fidelidade ao verdadeiro e, embora a princípio tivesse sido movido apenas pela curiosidade científica, mesmo sem o saber, prontamente respondeu ao chamado do Mestre.

A fidelidade de Kardec aos ensinamentos de Jesus se evidencia desde a *Introdução* de *O Livro dos Espíritos*, quando, no item X, evoca em defesa do Espiritismo, contra os adversários da nova doutrina, o mesmo argumento que o Mestre formulou contra os velhos adversários da Verdade: *Têm olhos e não veem; têm ouvidos e não ouvem.* Com esta fala, ele destaca o fato de que, assim como há dois mil anos, também na modernidade os interesses particulares impedem, tanto alguns homens de religião quanto outros mais ligados ao pensamento científico, de romperem com seus preconceitos e defrontarem a Verdade. Por isso, ainda neste mesmo capítulo introdutório, no item XI, destaca a necessidade da postura virtuosa da humildade para se ter acesso ao conhecimento do verdadeiro, pois, nessa busca, *os grandes serão rebaixados e os pequenos serão elevados*.

A comprovação de sua convocação para o trabalho advinda diretamente de Jesus dá-se ainda nos *Prolegômenos* de *O Livro dos Espíritos*, uma vez que assinam a abertura da obra primeira do Espiritismo alguns dos mais destacados emissários do Mestre, como São João Evangelista, Santo Agostinho, São Vicente de Paulo e outros, salientando tais nobres enviados o apoio que o novo convocado receberia:

> Não te deixes desanimar pela crítica. Prossegue sempre. Crê em Deus e caminha com confiança. Vem próximo o tempo em que a Verdade brilhará de todos os lados.

Quanto aos resultados do seu trabalho, já de início destacaram essas verdadeiras autoridades espirituais que estes nada teriam de material ou pecuniário, como insinuaram os seus mais levianos e vaidosos detratores da época, resultados os quais, infelizmente, ainda hoje é o objetivo de muitos que se arvoram representantes do Cristo, presentes nas mais variadas denominações religiosas de origem evangélica. Ao contrário, ressaltaram os Espíritos que o resultado mais profícuo daquele trabalho seria o de ver "todos os que tiverem em vista o grande princípio de Jesus se confundirem num só sentimento: o do amor do bem, e se unirão por um laço fraterno, que prenderá o mundo inteiro".

Assim como os primeiros apóstolos da Galileia, Kardec foi também convocado para ser mais um "pescador de almas", pois "as provas materiais, que o Espiritismo fornece tanto da existência da alma como da vida futura, derrocam as ideias materialistas e panteístas".

Assim, pela primeira vez na história da filosofia e da ciência, comprovava-se cientificamente experiências realizadas com os Espíritos, as quais agora eram conduzidas sob a mais rigorosa metodologia positivista da observação. Pelas experiências de Kardec, a realidade da reencarnação era evidenciada empiricamente, a mesma "pluralidade das existências já entrevista por inúmeros filósofos antigos, mas que tinha ficado no estado de hipótese, ao passo que o Espiritismo demonstra a sua realidade e prova que é um dos atributos essenciais da humanidade". Portanto, a preexistência da alma, até então demonstrada apenas pela maiêutica de Sócrates no diálogo *Fedon*, como é destacado em *Obras Póstumas*, biografia de Allan Kardec, era agora metodologicamente evidenciada.

Com isso, o movimento Iluminista inaugurado séculos antes, e que já alcançara a filosofia e as artes, alcançava também o, até então, tenebroso campo das religiões, esclarecendo definitivamente a origem e a destinação do Homem: a sua volta para o Criador. O princípio da reencarnação mostrava agora, sob as luzes do Espiritismo, a lei do progresso espiritual, o porquê da recomendação de Jesus, "sede perfeitos", a qual visa, exclusivamente, o retorno voluntário do Homem para o seu estado mais pleno de felicidade, a reaproximação de Deus, a primeira e a última finalidade de toda a Criação, como Agostinho de Hipona já deduzira em sua mais famosa obra *Confissões*.

Outrossim, com a demonstração empírica da preexistência e da transmigração das almas, Kardec evidenciava tanto a realidade das ideias apresentadas na filosofia de Sócrates e de Platão quanto a filosofia prática de Immanuel Kant, pois, ao comprovar a reencarnação das almas, o Espiritismo demonstrava, por experiências inequívocas, aquela ideia de um Sumo Criador, que era deduzida pelos filósofos escolásticos de um modo dogmático e, somente a partir de Kant, como uma necessidade lógica da razão pura.

Por conseguinte, ao demonstrarem os Espíritos, por insuspeitos testemunhos e fenômenos físicos, a realidade e a integral preservação das suas personalidades além-túmulo, portanto, que as almas são imortais e atualizam constantemente o seu conhecimento filosófico, científico e moral a cada nova encarnação, deixavam patente a plena possibilidade de realização do conhecimento verdadeiramente libertador no mundo. Com isso, estava demonstrada nossa capacidade de, como parte fundamental do processo histórico, conquistarmos a evolução moral de todo o gênero humano mediante o atendimento, no campo da razão, da lei de liberdade, ou seja, da Ética, e, no campo dos sentimentos, da fé racional que nascerá da assimilação da Lei do Amor.

Portanto, para além de uma doutrina religiosa, o Espiritismo demonstra ser a mais elevada Filosofia já formulada, apresentando soluções para os mais graves problemas humanos e a realização das mais elevadas ideias concebidas sobre o Universo e o Ser. A reencarnação evidencia a dignidade de cada um e de todos os seres racionais, pois revela que a evolução de cada indivíduo e de todo o gênero humano deu-se pelo esforço singular da vontade, atributo essencial da Inteligência, na relação estreita de cada um com a matéria universal, a qual é organizada pelo Ser inteligente desde os mais simples até os mais complexos organismos vivos, produzindo a forma atual do nosso genoma e permitindo, assim, que o Espírito adquirisse o próprio mérito evolutivo.

Hippolyte Léon Denizard Rivail foi o escolhido para organizar o trabalho dos Espíritos, inicialmente como pensaram aqueles que o convidaram e, a princípio, ele próprio, exclusivamente por sua enorme capacidade científica e filosófica. No entanto, ele já era um homem ético e de fé, pois àqueles que poderiam supor ter sido ele atraído por uma vaidosa exposição que a nova doutrina e o domínio dos fatos espirituais conferiam aos médiuns do seu tempo, ele respondeu com a mais ilibada conduta moral adotando um pseudônimo: Allan Kardec, exatamente para não influenciar, com a autoridade do professor Hippolyte, os eventuais leitores de Kardec.

O Professor Rivail já adquirira notoriedade nos meios acadêmicos como pedagogo, mediante a publicação de diversas obras no campo da educação, algumas das quais adotadas por décadas no ensino ministrado nas escolas públicas da França, e ele não desejava influenciar os ânimos de seus alunos e leitores, nem fazer prosélitos para o novo movimento filosófico e científico então nascente sob a denominação de Espiritismo. Desejava tão só o conhecimento da Verdade que liberta!

No entanto, se o professor Rivail foi atraído pela curiosidade científica ao estudo dos fenômenos de efeitos físicos inicialmente produzidos pelos Espíritos, o apóstolo Kardec foi despertado pelo conteúdo moral dos fenômenos intelectuais realizados logo em seguida, por meio de mensagens escritas.

Assim, superada aquela fase inicial da mera curiosidade científica, ficou patente o objetivo principal da nova Revelação: reconduzir a humanidade aos ensinos originais de Jesus, tal como se dera na origem do Cristianismo, através das lições e testemunhos de incontestáveis autoridades morais, agora vivendo a vida espiritual. A primeira constatação foi a de que os Espíritos conservam plena relação com os Homens em atendimento à lei natural de solidariedade humana, pois, todos, Homens e Espíritos, constituem a Humanidade.

A Nova Revelação trazia todo um conhecimento novo acerca da Vida e do Ser, por isso, no capítulo de *Introdução* ao *O Livro dos Espíritos*, Kardec patenteia o seu caráter filosófico e científico, mas, sobretudo, sua função Moral. E, como a obra se enquadra no campo de uma filosofia prática, ele apresenta a melhor postura investigativa, ou seja, as condições heurísticas fundamentais para que sejam obtidos os mais profícuos resultados Éticos junto dos Espíritos:

A ciência espírita compreende duas partes: experimental uma, relativa às manifestações em geral; filosófica outra, relativa às manifestações inteligentes. Aquele que apenas haja observado a primeira se acha na posição de quem não conhecesse a Física senão por experiências recreativas, sem haver penetrado no âmago da ciência. A verdadeira

Doutrina Espírita está no ensino que os Espíritos deram, e os conhecimentos que esse ensino comporta são por demais profundos e extensos para serem adquiridos de qualquer modo, que não por um estudo perseverante, feito no silêncio e no recolhimento. Porque, só dentro desta condição, pode-se observar um número infinito de fatos e particularidades que passam despercebidos ao observador superficial, e firmar opinião. Não produzisse este livro outro resultado além do de mostrar o lado sério da questão e de provocar estudos neste sentido, e rejubilaríamos por haver sido eleito para executar uma obra em que, aliás, nenhum mérito pessoal pretendemos ter, pois que os méritos nela exarados não são de criação nossa. O mérito que apresenta cabe todo aos Espíritos que a ditaram. Esperamos que dê outro resultado, o de guiar os homens que desejem esclarecer-se, mostrando-lhes, nestes estudos, um fim grande e sublime: o do progresso individual e social e o de lhes indicar o caminho que conduz a esse fim. (A.K.)

Com os novos conhecimentos, os Espíritos evidenciaram a natureza das relações entre eles e os Homens, relações essas determinadas exclusivamente pela identidade dos sentimentos reciprocamente conservados e que, por isso mesmo, mutuamente se influenciam. Estava, pois, demonstrado o fim da morte, uma vez que, apesar de aniquilados os corpos físicos sustentados durante suas existências encarnadas, as Consciências que se comunicaram evidenciaram a absoluta preservação dos seus caracteres individuais mediante a permanência integral dos seus corpos espirituais, designados, então, pelo novo cientista Kardec, perispírito.

A comprovação empírica da existência deste corpo espiritual, já revelado pelo Apóstolo Paulo na Primeira Carta aos Coríntios (15.44), que permite aos Homens comuns repetirem a cada "morte" a ressurreição de Jesus, foi a chave trazida pelos Espíritos para a explicação da vida depois da morte e dos fenômenos espirituais por eles produzidos no mundo físico.

O perispírito é um organismo constituído a partir da matéria em estado quântico presente em todo o Universo, o qual é modificado pela consciência espiritual de acordo com a atmosfera de cada planeta. Nele, a memória espiritual é integralmente preservada e ampliada até alcançar encarnações anteriores, permitindo aos Espíritos a manifestação de sua vontade tanto no seu mundo quanto no dos Homens, por via de uma faculdade natural desenvolvida por todos os seres humanos, a mediunidade.

Assim, a religião que em Kant tinha conquistado um estatuto racional adquiria com Kardec uma fundamentação empiricamente demonstrada, qual seja, a realidade da vida do Espírito com todo o seu acervo de memória e de sentimentos, a comprovação da ressurreição do Homem comum em seu corpo espiritual e a permanência integral da sua consciência independentemente do corpo de matéria densa já consumido pela morte. Estava demonstrada a verdade do Humano que nem a Ciência nem as Religiões poderiam mais ignorar.

Os fatos espíritas agora demonstravam a plena identificação do Espírito humano com o Espírito Jesus, pois mostrava a capacidade inerente a todos de realizarem, nas sucessivas existências, suas maiores potencialidades como Criaturas. Assim, estava também comprovado que o Mestre não nos enganou quando garantiu: "sois deuses" (Jo 10.34), afirmando que, em seu nome, faremos "as obras que faço e fará maiores do que elas" (Jo 14.12). O Espiritismo mostrou, de fato, como vivemos a vida de Espíritos ao desvendar a natureza da consciência e dos nossos imperecíveis corpos espirituais.

Evidenciada a vida plena do Espírito desencarnado e a preservação integral da sua personalidade a confirmar o princípio da reencarnação, na qualidade de Homem dotado de verdadeiro sentimento religioso, Kardec enxergou, nessa realidade, a solução para os mais graves dilemas da humanidade. Assim, a preexistência e transmigração das almas expunham os lamentáveis equívocos de antigos dogmas das Igrejas, até então impostos pela força e por ameaças de uma danação eterna, passando, pois, Kardec a combatê-los diretamente, suportando, com isso, os ataques dos mais radicais defensores da máxima "fora da Igreja não há salvação".

Por seu caráter de filósofo e cientista, diante da demonstração empírica da reencarnação por meio de testemunhos incontestes de personalidades reconhecidas vivendo a condição de Espíritos, Allan Kardec passou a combater, com propriedade, o radicalismo materialista da parte de membros das academias de ciências, os quais, mesmo diante de tantas novas evidências, negavam sistematicamente o Espírito ou qualquer princípio distinto da matéria.

Destacou-se, assim, um novo filósofo espiritualista que refutaria, com inédita propriedade, o materialismo, demonstrando que este transforma a existência em um enorme vazio, o qual, diante da dor inerente à própria condição humana, conduz fatalmente a uma fuga niilista pela triste via do suicídio. Esta nova forma de enxergar a realidade humana facultou ao pedagogo a formulação de uma doutrina moral fundada sobre uma verdadeira ciência do Espírito, deduzindo que o principal objetivo do Espiritismo é o combate ao materialismo e, consequentemente, ao "nada" existencial, fonte das maiores misérias humanas e causa do egoísmo.

Este é o traço característico do apostolado contemporâneo inaugurado por Allan Kardec: a Fé sustentada pela Razão, a qual, por isso mesmo, é capaz de conservar-se inabalável diante do necessário desenvolvimento da ciência em todas as épocas da humanidade. Este conceito de fé racional, embora não seja originário do Espiritismo, uma vez que o filósofo Immanuel Kant já o havia deduzido na sua *Crítica da Razão Pura*, mostrado sua eficiência Ética na *Crítica da Razão Prática* e sua proficuidade religiosa em *A Religião nos Limites da Simples Razão*, no entanto, recebeu de Kardec a completa solidificação pela demonstração da sobrevivência da pessoa comum, produzindo os efeitos mais profícuos para a realização da Ética de Jesus no mundo, tal como consignado por ele na *Revista Espírita*, abril 1866:

> Inscrevendo, no frontispício do Espiritismo, a suprema lei do Cristo, nós abrimos o caminho para o Espiritismo cristão; assim, dedicamo-nos a desenvolver os seus princípios, bem como os caracteres do verdadeiro espírita sob esse ponto de vista.

Quanto ao seu papel na organização da Doutrina Espírita e a supremacia dos novos ensinos que constituem suas bases, Kardec rejeita as críticas de seus detratores de que assumira o cargo de líder supremo do Espiritismo:

Se outros puderem fazer melhor que nós, não iremos contra, porque jamais dissemos: "Fora de nós não há verdade".

Quanto à supremacia, ela é toda moral e dá-se pela adesão dos que partilham de nossa maneira de ver; não estamos investidos, mesmo por aqueles, de nenhum poder oficial, não solicitamos nem reivindicamos nenhum privilégio; não nos conferimos nenhum título e o único que tomaríamos com os partidários de nossas ideias é o de irmão em crença.

Como todo verdadeiro apóstolo, Kardec também encontrou pela frente somente o sacrifício, tanto de sua vida pessoal e profissional quanto de sua saúde física e financeira, tudo realizando para a demonstração da preexistência e continuidade da vida do Espírito, assim como, e, principalmente, as consequências morais desta realidade. A comprovação desse fato encontra-se registrada na Revista Espírita de maio de 1866, na qual foi publicada uma comunicação espírita a ele endereçada:

Paris, 23 de abril de 1966. – Médium: Sr. Desliens: Enfraquecendo dia a dia a saúde do Sr. Allan Kardec, por força dos excessivos trabalhos a que não pode bastar, vejo-me na necessidade de lhe repetir novamente o que já lhe disse muitas vezes: Necessitais de repouso; as forças humanas têm limites, que o vosso desejo de ver progredir o ensino muitas vezes nos leva a infringir; estais errado porque, assim agindo, não apressareis a marcha da doutrina, mas arruinais a vossa saúde e vos pondes na impossibilidade material de acabar a tarefa que viestes desempenhar aqui embaixo.

Como demonstra sua história, Kardec não atendeu totalmente a esse conselho dos seus amigos espirituais, e, embora tenha diminuído o ritmo de suas atividades, continuou trabalhando, como deixa claro ao final daquela mesma publicação:

> Atendendo a este sábio conselho, rogamos aos nossos correspondentes, com os quais há muito estamos em atraso, recebam as nossas desculpas e o nosso pesar por não ter podido responder em detalhes, e como teríamos desejado, às suas bondosas cartas. Receberão aqui, coletivamente, a expressão de nossos sentimentos fraternos.

Se, diante das críticas, ele falou como Paulo: "Não sou digno ainda de ser chamado apóstolo, mas, pela graça de Deus, sou o que sou!", entretanto, honrando o trabalho que lhe fora outorgado diretamente pelo seu autor, o Espírito de Verdade, ele não hesitou diante da ameaça de morte e seguiu no seu duro caminho de elevação até alcançar o mais alto conteúdo daquelas revelações, o caminho da salvação pela Caridade, e, com isso, credenciou-se ao reconhecimento de sua verdadeira Missão apostolar.

Desencarnou menos de três anos depois daquela advertência que o concitava a adotar maiores cuidados com a sua saúde, em pleno trabalho de organização e divulgação da mais completa doutrina Moral a que a humanidade já teve acesso, atendendo, mesmo com o definitivo sacrifício pessoal, ao chamado de Jesus sem vacilações, com a fé do apóstolo da Razão que enxergou, para além dos meros fenômenos espirituais que demonstravam a preexistência e transmigração das Almas de corpo em corpo, os mais elevados efeitos morais da mais recente passagem do Espírito Jesus sobre a Terra, entregando aos Homens o mais iluminado Caminho para a Vida.

Capítulo 2

A MISSÃO

ATUALMENTE, EM VIRTUDE do pleno esclarecimento da vida espiritual realizado pelo Espiritismo, sabe-se que o trabalho de um missionário tem início com uma minuciosa programação de sua nova existência no mundo, a ser desenvolvida no tempo que antecede sua reencarnação. No entanto, se tudo é muito claro antes do mergulho no profundo oceano da vida encarnada, quando, então, traçam-se os caminhos existenciais a serem percorridos, os percalços e as dificuldades a serem enfrentadas, assim como o auxílio com o qual contará, porque esta missão é registrada apenas no livro da própria consciência espiritual, a lembrança que dela se tem e a sua plena realização só alcançarão bom êxito mediante uso da fé racional e de uma boa vontade quando o Espírito já se encontra no mundo. Estes são os principais atributos de Hypollite Léon Denizard Rivail, o admirável Allan Kardec.

Poder-se-ia destacar a princípio, como já o fizeram com muita propriedade alguns de seus biógrafos, o espírito científico do pedagogo Denizard Rivail, e esse traço de seu caráter é, sob todos os aspectos, notável, pela sua insaciável sede do conhecimento científico. No entanto, a tarefa para a qual fora chamado a desempenhar, ainda no mundo espiritual, exigia muito mais do que uma personalidade curiosa e envaidecida pela efêmera visibilidade que o domínio daqueles fenômenos físicos das mesas girantes propiciavam, pois, o que, de fato, eles apresentavam era a vastidão da vida do Espírito, a qual agora se descortinava perante uma sociedade sedenta apenas por distrações.

É o próprio Kardec quem esclarece, em *Obras Póstumas,* sua postura diante do sucesso que o Espiritismo adquiriu:

> O Espiritismo, tirando-me da obscuridade, lançou-me em uma via nova, em pouco tempo achei-me envolvido num turbilhão, que nunca imaginei. Quando concebi a ideia de *O Livro dos Espíritos,* era minha intenção não me pôr em evidência e ficar desconhecido; mas não me foi isto possível; tive de renunciar aos meus gostos pela vida retirada sob pena de abdicar a obra empreendida, que diariamente crescia. Foi-me preciso seguir a

impulsão e tomar as rédeas. À medida que ela se desenvolvia, mais vastos horizontes se desenhavam aos meus olhos. Compreendi, então, a imensidade da minha obrigação e a importância do trabalho que ainda me faltava para completá-la. As dificuldades e os obstáculos, longe de me abaterem, redobraram-me a energia. Vi o elevado fim e resolvi alcançá-lo com o auxílio dos bons Espíritos. Sentia que não tinha tempo, nem em cerimônias ociosas. Eis o empenho da minha vida. Dei-lhe todo o meu tempo, sacrifiquei-lhe o repouso, a saúde, porque via o futuro escrito com caracteres inalteráveis.

Kardec sempre foi um homem profundamente interessado na sua instrução e na do semelhante, por isso, notabilizara-se no desempenho da sua missão como pedagogo e, pois, como um cientista do saber. No entanto, os fatos a que agora seus olhos se deparavam superavam todo o seu conhecimento teórico como educador, pois alcançavam um conhecimento que, naquele momento da história da humanidade, encontrava-se sob o domínio exclusivo da teologia e, assim, era tratado como artigo de uma injustificável fé dogmática, que era imposta a ferro e fogo e que, por isso mesmo, não tinha eficiência pedagógica nas Almas adultas, além de prejudicar irreversivelmente a formação das Almas juvenis.

A confirmação de que aqueles não eram fenômenos espíritas casuais, mas, sim, fruto de um programa de esclarecimento da Humanidade, da parte de verdadeiras potestades espirituais, foi o grande desafio inicial enfrentado por Hypollite Léon. Em pouco tempo, foram-lhe reveladas as causas inteligentes por detrás daquelas manifestações insólitas, quais sejam, um grupo de Homens que já haviam vivido na Terra, inteligências que se autodenominaram Espíritos e que tinham um propósito mais elevado. Este fato levou Kardec a deduzir imediatamente as graves consequências que aquela experiência proporcionava, pois ela formava um conjunto de provas definitivas acerca da existência e da sobrevivência da Alma.

O jovem Denizard Rivail fora educado na infância sob os princípios da religião católica adotados por sua família paterna, formação essa complementada na adolescência mediante influências do cristianismo protestante recebidas diretamente de seu mestre Johann Heinrich Pestalozzi. Este, que é considerado um dos maiores educadores que a humanidade conheceu, formou sua convicção pedagógico-filosófica sobre os textos de Jean Jacques Rousseau, especialmente da obra intitulada *Emilie*, fundamental para a ciência da Educação de todos os tempos e que fora determinante na constituição dos caracteres do ensino ministrado no seu Instituto de Ensino Yverdon, na Suíça, para onde se dirigiam as mais capacitadas inteligências juvenis daquele país e das nações vizinhas, inclusive, aquela que viria se tornar Allan Kardec.

Esta formação educacional de Rivail fez dele um filósofo e pedagogo, mas, igualmente, um refinado teólogo racionalista. Por isso, ele foi capaz de relacionar aqueles divertidos fenômenos físicos, apresentados à sociedade parisiense de meados do século XIX como mesas girantes, à causa que lhes era subjacente e ao princípio fundamental da Vida: o Espírito. Não tivesse ele um cabedal de conhecimentos transcendentes, até então adquiridos apenas como artigos de fé, diante daqueles efeitos que encantavam os olhos de Paris, Kardec não teria condições de avançar na sua investigação, nem tampouco de superar as meras representações que lhe proporcionavam os sentidos físicos e deduzir-lhes as verdadeiras causas, a saber, a força das inteligências desencarnadas que se autointitularam Espíritos.

Foi o seu acervo de conhecimentos filosóficos e religiosos que lhe permitiu vislumbrar a possibilidade de, como ele mesmo destaca na *Introdução* de *O Livro dos Espíritos*, ser levantado o véu que encobria muitos mistérios da Vida. No entanto, foi a sua esmerada formação racionalista que lhe permitiu tocar, sob os mais elevados critérios da investigação científica, conferidos pelo método positivista da observação, a realidade do fenômeno que é considerado um dos fechos da abóbada de toda doutrina moral, a Alma.

Foi dessa forma que ele próprio descreveu, em *Obras Póstumas,* sua relação com os primeiros fatos espíritas então observados:

Apliquei a essa nova ciência, como havia feito até então, o método da experimentação; jamais construí teorias preconcebidas: observava atentamente, comparava, deduzia as consequências: dos efeitos, eu procurava remontar às causas pela dedução, o encadeamento lógico dos fatos, não admitindo uma explicação como válida senão quando ela podia resolver todas as dificuldades da questão. [...]

Compreendi, desde o início, a gravidade da exploração que iria empreender; entrevi, nesses fenômenos, a chave do problema obscuro e controvertido do passado e do futuro da humanidade, a solução daquilo que eu havia procurado toda a minha vida: era, numa palavra, toda uma revolução nas ideias e nas crenças. Seria preciso, portanto, agir com circunspecção e não levianamente, ser positivista e não idealista, para não se deixar entregar às ilusões.

Esta capacidade para aplicação do método dedutivo na investigação dos fenômenos espíritas que lhe foram apresentados, bem como sua formação humanista junto dos textos de Jean Jacques Rousseau no Instituto Pestalozzi, permitiram a Kardec extrair as mais graves consequências morais daqueles fatos que, de início, apenas chamavam a atenção por seus insólitos aspectos materiais, capacidade que só seria possível a um intelecto instruído pela ciência e pela filosofia, mas, sobretudo, pelo seu elevado senso moral.

Como bem concluiu o filósofo Immanuel Kant (1724-1804) em sua terceira obra da trilogia crítica, na qual investiga nossa capacidade de conhecimento verdadeiro, a *Crítica da Faculdade do Juízo*, a imaginação não opera sem representações já dadas ao entendimento por via dos sentidos. Assim, não fosse Kardec dotado de um bem formado sentimento religioso e portador de representações ideais acerca da existência da Alma, não seria capaz de tocar as verdadeiras causas daqueles inusitados fatos materiais, as inteligências que os produziam e que se apresentaram como Espíritos, nem de deduzir daquelas experiências físicas as mais graves consequências morais para toda a humanidade.

Esse traço da personalidade Ética de Kardec se revela já na página de abertura de *O Livro dos Espíritos*, quando ele apresenta os *"Princípios da Doutrina Espírita sobre a imortalidade da alma, a natureza dos Espíritos e suas relações com os homens, as leis morais, a vida presente, a vida futura e o porvir da Humanidade – segundo os ensinos dados por Espíritos superiores com o concurso de diversos médiuns – recebidos e coordenados por Allan Kardec."*

Estavam ali estabelecidos os fundamentos e os objetivos da nova Doutrina, qual seja, esclarecer a Vida Humana e seu traço distintivo em relação aos demais seres do Universo: a moralidade, por isso, o seu organizador inscrevia a obra no interior de uma "Filosofia Espiritualista".

É notável que, ao apresentar como um dos "princípios" da Doutrina a "imortalidade da alma", ele já patenteia sua postura acerca da existência de um Ser transcendente constitutivo do Humano, e, com isso, também a existência do Transcendente Criador, uma evidência de que Kardec era também um homem de Fé. O conjunto da obra, no entanto, é genuíno e autêntico, pois, para além da crença, ela apresenta o verdadeiro conhecimento empírico da sobrevivência e da natureza dos Espíritos, bem como das suas relações com os Homens.

Neste mesmo pequeno período introdutório constante da página de rosto de *O Livro dos Espíritos,* na qual apresenta a obra, Kardec patenteia outro traço indelével de sua personalidade, qual seja, a humildade, pois se identifica apenas como um coordenador dos trabalhos realizados pelos Espíritos e a ele dispostos pelo concurso de diversos médiuns. Ou seja, em nenhum momento ele pretende figurar como o detentor daqueles conhecimentos, mas tão somente o organizador dos mesmos.

Tal apresentação se dá, como pretendo deixar evidente no transcorrer deste livro, em virtude do notável caráter de Allan Kardec, que sustenta, antes de mais nada, os sentimentos virtuosos da modéstia e da humildade, pois, como o conjunto doutrinário iria futuramente evidenciar, para organizá-lo com sucesso ele teve que se valer do seu vasto conhecimento filosófico e religioso, bem como de sua inquestionável capacidade científica.

Constata-se que, desde o princípio, Kardec insere esta obra fundamental do Espiritismo no interior da Filosofia Espiritualista. Assim a identificando, ele não deixa qualquer dúvida de que, para além de qualquer outro domínio e apesar de seu conteúdo científico, e mesmo religioso, o objetivo da obra é, como o pretende ser toda filosofia moral, a modificação e a elevação ética da Humanidade, agora, porém, com a amplitude da perspectiva do Espírito, que testemunha suas experiências adquiridas nas inumeráveis transmigrações de corpo em corpo.

Com esse objetivo, necessário se fazia o esclarecimento da origem e da destinação da Vida, da investigação do passado, do presente e do futuro do Homem. Deste modo, *O Livro dos Espíritos* se apresenta, desde o início, como uma obra realizada em oposição à Filosofia Materialista, segundo a qual, a vida humana teria início com a constituição do corpo e terminaria com a morte, sendo a inteligência e os sentimentos simples efeitos do cérebro e não a manifestação da vontade de um Ser independente do organismo.

Não é de se estranhar, outrossim, que os conteúdos da Filosofia Espírita coincidem com os preceitos fundamentais de algumas tradições religiosas mais antigas, pois princípios morais universais têm a mesma finalidade e foram adotados por diversas religiões e filosofias espiritualistas na história. Foi somente a partir do movimento racionalista inaugurado por René Descartes (1596-1650) que esses domínios do conhecimento foram separados cada vez mais no interior do movimento que se notabilizou como o Iluminismo.

Entretanto, desde que foram organizados os primeiros registros escritos do saber nos Vedas e nos Vedantas, os livros sagrados e filosóficos fundadores do Hinduísmo, há mais de 8.000 anos, segundo a tradição na Índia, passando pela filosofia clássica grega, tanto a ciência quanto a filosofia e a religião são domínios do conhecimento inseparáveis, pois têm, na racionalidade, a sua origem e, na sua mais elevada finalidade, visam o Ser Humano integral mediante a compreensão do seu passado, do presente e do seu futuro.

Cumpria, pois, a Kardec, compilar e organizar, a exemplo do trabalho que foi realizado quando do primeiro registro escrito da tradição na Índia, os Vedas, livros sagrados obtidos também a partir de revelações dos Espíritos por meio dos Rishis, os médiuns indianos, as novas revelações agora trazidas à apreciação da modernidade científica pelos médiuns espíritas. Esta realização era agora possível, uma vez que as próprias ciências haviam avançado de modo a poderem favorecer também o avanço do conhecimento científico, senão sobre a essência de Deus e do Espírito, porém, a comprovarem a sobrevivência e a substância do corpo espiritual inerente a todo Ser Humano.

A finalidade última de tais conhecimentos, entretanto, a saber, a suprema moralização do Homem, já estava estabelecida há quase 2.000 anos, pelos ensinos e pelo mais elevado exemplo Ético trazido à Humanidade: Jesus. Ocorre que a expropriação e o sequestro dos seus ensinamentos pela iniquidade das religiões cristãs humanamente organizadas durante quase dois mil anos fizeram com que tanto a sua filosofia quanto a sua religiosidade necessitassem de novos esclarecimentos e da comprovação da Ciência, para que voltassem a brilhar sob o seu mais seguro e verdadeiro fundamento: a Lei de Amor.

Porque a ortodoxia da Igreja corrompera os

fundamentos da fé com seus dogmas, os verdadeiros princípios Cristãos necessitavam ser recuperados, especialmente o conhecimento e o testemunho de personalidades que, já tendo vivido na Terra, puderam testemunhar fatos incontestes das suas experiências como Espíritos, comprovando, sobretudo, a preexistência e a transmigração das Almas, a reencarnação, mediante a qual se tornam totalmente iluminados os ensinos de Jesus para a realização histórica da verdadeira fraternidade entre todos os Homens.

Portanto, para afirmar filosófica e cientificamente esse conhecimento verdadeiro sobre o Ser na modernidade positivista, estabelecendo-se novas bases para a evolução dos sentimentos e, pois, da moralidade, é que Hippolyte Léon Denizard Rivail abdicou não apenas do seu nome, mas, sobretudo, de sua própria existência, a fim de gozar autonomia investigativa nas experiências com os Espíritos. Com isso, ele pôde evidenciar a realidade da preexistência e transmigração das Almas, a reencarnação, transformando-se no Apóstolo da Razão. Esta era a principal missão de Allan Kardec, "o bom senso encarnado", promover a reconciliação da Ciência, Filosofia e da Religião, missão esta que, como pretendo demonstrar, ele cumpriu com a humildade dos verdadeiros Filósofos.

Capítulo 3

O CONTEXTO FILOSÓFICO DO ESPIRITISMO

NO ANO DE 1793, o filósofo alemão Immanuel Kant publicou uma obra que marcaria a história da Filosofia como a primeira tentativa de reconciliação entre fé e razão, denominada exatamente *A Religião Dentro dos Limites da Simples Razão*. Neste texto, ele estabelece os critérios racionais para justificação de uma postura religiosa que não se fundasse apenas em artigos dogmáticos de fé, mas, sim, que se estabelecesse exclusivamente sobre recursos cognitivos da Razão.

Em sua primeira obra crítica, a saber, a *Crítica da Razão Pura* (1781), Kant já havia deduzido a ideia de Deus como uma necessidade da *razão*. Para ele, se há que se falar em conhecimento, e, pois, em Ciência, há que se falar em *liberdade*. Em suas investigações sobre os mecanismos cognitivos do *ente racional*, Kant concluiu que o *entendimento*, uma das *faculdades* da *razão*, o qual, diante da representação interna de um objeto que lhe é dado de forma inédita pela *sensibilidade*, outra faculdade responsável por formar as representações dos sentidos físicos, visando conhecer o objeto dado, realiza espontaneamente um movimento íntimo em busca de um objeto ideal, um *incondicionado*, que forneça todas as condições para identificação e conhecimento daquele outro inédito. A este movimento do *entendimento*, Kant chamou *liberdade transcendental*.

Na sua segunda crítica, a *Crítica da Razão Prática* (1788), de posse do conceito de *liberdade transcendental*, ele investiga a existência, em todo ente racional, da *vontade*, ou, uma *força viva* que possibilite a efetivação de um arbítrio livre e, pois, da realização da *liberdade prática* no mundo. Neste percurso filosófico, ele deduz que, se há que se falar em conhecimento objetivo verdadeiro, portanto, em Ciência, e, pois, em racionalidade, há que falar-se em *liberdade* e, assim, deve haver também uma lei que determine a existência e regule o uso da *liberdade*.

Na sua obra Fundamentação da Metafísica dos Costumes, Kant observa que:

> Tudo na natureza age segundo leis. Só um ser racional tem a capacidade de agir *segundo a*

representação das leis, isto é, segundo princípios, ou: só ele tem uma *vontade*.

Não é possível, portanto, falar-se em Ciência, conhecimento e *vontade*, tampouco em *arbítrio*, sem falar-se em *liberdade*. Esta, que era uma simples ideia muito questionada por alguns, já que a condição humana parecia inviabilizá-la, quando não, transformá-la em simples e quimérica ideia diante de tantas necessidades e afecções do ânimo produzidas pelas relações humanas e pelos objetos dados aos sentidos, ganha, com a filosofia de Kant, um fundamento exclusivamente racional, pois, até ele, a ideia de *liberdade natural* estava diretamente relacionada ao campo da religião, mediante a atribuição de uma origem transcendente para ela como a do próprio ser humano, o qual a teria recebido pela Graça do Criador.

Assim, apesar de, na sua origem, a ideia de *liberdade* encontrar-se vinculada aos chamados direitos naturais e, pois, ligada a uma suposta origem divina do Homem, como podemos ver dos filósofos contratualistas, Hobbes, Locke e Rousseau, porque ninguém é capaz de, racionalmente, renunciar a essa ideia, Kant parte do pressuposto de que a *liberdade* é um *fato da razão*, pois não há um ente racional sequer que não a pleiteie como inerente à sua própria condição. Por conseguinte, se a *liberdade* é um estado natural do Ser, como tudo na natureza age segundo leis, há que haver também uma lei para a *liberdade*.

No entanto, para que possa se credenciar como uma *lei da liberdade,* essa determinação para o uso da *vontade* não pode conter nada além da simples forma para o agir, e, portanto, nenhum conteúdo, sob pena de anular-se pelo princípio racional da *não contradição,* uma vez que nada pode ser e, ao mesmo tempo, não ser. Assim, na *Fundamentação da Metafísica dos Costumes,* Kant deduz a *lei moral* como a única lei capaz de mostrar a *liberdade,* pois ela dá a forma de um comando irresistível para a vontade, por ele denominado *imperativo categórico:*

> Age de tal maneira que uses a humanidade, tanto na tua pessoa como na pessoa de qualquer outro, sempre e simultaneamente como fim e nunca simplesmente como meio.

Para Kant, a *liberdade* é um *factum* da *razão* e, se há algum direito natural, diz ele, tal é somente a *liberdade.* No entanto, como esta é sinônimo de *autonomia da vontade,* para que ela possa se realizar no mundo empírico é necessária uma lei, deduzida por ele como sendo a *lei moral.* Portanto, a *liberdade* seria a *ratio essendi,* ou, a razão de ser, da *lei moral,* enquanto esta é, por sua vez, a *ratio cognoscendi,* ou, a razão de conhecer a *liberdade.* Portanto, agindo exclusivamente por amor à Lei Moral, eu serei plenamente livre.

Para o filósofo alemão, uma vez que todo ente racional já é dotado de uma *consciência moral*, ele tem uma noção do *Dever*, pois, como ele deduz na *Fundamentação da Metafísica dos Costumes, Dever* é a "necessidade de uma ação por respeito à lei". No entanto, o Homem é, ao mesmo tempo, um ser também afetado ou, até mesmo, determinado pelas inclinações e desejos impostos pela sua natureza animal, portanto, ele é um ser dividido entre suas paixões e inclinações e o *Dever*, por isso, todo o verdadeiro agir humano só é possível pelo uso pleno da *liberdade*.

Assim, *liberdade* para Kant é sinônimo de *autonomia da vontade*, pois, somente quando sobrepuja todas as suas inclinações morais e apetites decorrentes dos sentidos físicos, agindo mediante o atendimento exclusivo da *lei moral*, autodeterminando-se, portanto, o ente racional é verdadeiramente livre. Quando age por *consciência moral* do *Dever*, ou seja, quando se autodetermina apenas por respeito à *lei*, ele é um ser ético. Desta forma, Ética é toda ação dada por respeito à *lei moral*. Por conseguinte, embora a Ética não necessite da ideia de um Ser Supremo para sua validação, no entanto, ela "conduz inevitavelmente à religião".

Assim, pelo esforço intelectual de Kant, a história da Filosofia já podia, ao tempo de Kardec, compreender a ideia de Deus como uma necessidade da *razão* para justificar a própria *liberdade transcen-*

dental, ou, a *autonomia da vontade* no agir, ou seja, para fundar racionalmente uma Ética. Outrossim, se "tudo na natureza age segundo leis" e, por isso, há que haver também uma lei para a *Liberdade*, sendo essa lei a *Lei Moral*, torna-se racionalmente necessária a existência de um *Sumo Legislador Moral:* Deus, pois a experiência do Homem no mundo, na qual se apresentam apenas necessidades de toda a sorte, seria incapaz de resultar numa ideia de *Liberdade*.

Embora Deus seja incognoscível como uma *coisa em si mesma*, pelos limites epistemológicos de uma *razão pura*, todos os conceitos e ideias necessários à conclusão da própria racionalidade humana conduzem à ideia original da existência de um *Sumo Criador*. Senão vejamos: para que se admita o conhecimento, ou seja, a *Ciência*, é necessária a aceitação daquele movimento que a faculdade do *entendimento* realiza quando se encontra diante de um objeto inusitado, a *liberdade transcendental*. A observação mostra que tudo na natureza atua segundo leis, portanto, é também necessária uma lei para a *liberdade*, a qual Kant deduziu como sendo a *Lei Moral*, cuja representação é um *imperativo categórico*.

Entretanto, o agir por *respeito* ao *imperativo categórico* ainda não é, segundo Kant, um agir com plena *autonomia da vontade*, ou seja, um agir plenamente livre, pois o *respeito* que a *lei moral* conquista em nós dá-se por receio da *humilhação* que nos é imposta pelo *tribunal da Consciência* quando não a atendemos. Para Kant, a plena *Liberdade* somente se realizará no mundo quando houver uma ação que ocorra não por *respeito*, Ética portanto, mas, sim, quando formos capazes de realizar uma verdadeira ação *Moral*, aquela realizada exclusivamente por *Amor* à *Lei*.

Kant dedicou grande parte de sua vida filosófica, iniciada muito cedo e bastante longeva, à reconciliação entre razão e fé, entre a filosofia e a religião; sua primeira publicação deu-se aos 23 anos e seu último texto é de 1798, seis anos antes de morrer, em 1804. Por isso, ele estabeleceu criticamente os critérios racionais e, pois, científicos, para o verdadeiro conhecimento dos objetos provenientes desses dois domínios do saber. A partir da divisão do Homem em *Alma* e *Corpo* realizada pela filosofia cartesiana, foi se estabelecendo pouco a pouco a noção de que ideias como *Deus* e *Espírito* não poderiam ser conhecidas ou, pelo menos, deveriam ser investigadas sob critérios e mediante recursos cognitivos distintos das investigações dos demais objetos do mundo.

Por isso, em sua busca por estabelecer um modelo científico para o conhecimento metafísico, Kant deduziu que o ente racional não tem condições de investigar, cientificamente, as antigas ideias de Deus e de Alma como *coisas em si mesmas*. Esta sua conclusão levou os apressados materialistas a dizerem que ele estabelecera o fim da Metafísica, e Friedrich Nietzsche (1844-1900) a decretar a "morte de Deus". No entanto, o obstáculo epistemológico denunciado por Kant foi no sentido de que não é possível ao ente racional, o Espírito, funcionar, ao mesmo tempo, como sujeito e objeto de sua própria investigação.

Não obstante aquele aparente triunfo materialista, a conclusão de Kant, entretanto, é de que o ente racional não tem condições de investigar Deus e o Espírito como *coisas em si mesmas*, ou seja, a essência de Deus e do Espírito. No entanto, tudo o que realizou em sua longa carreira como filósofo foi no sentido de se demonstrar a *Liberdade* como sendo o principal efeito do Espírito no mundo, uma vez que esse traço característico do ser humano não encontraria, na natureza, qualquer fundamentação, pois todos os demais seres da natureza são identificados pelo determinismo, inclusive o Homem, quando, ao invés de agir com racionalidade, submete-se ao seu instinto natural.

Apesar dos esforços de Friedrich Hegel (1770-1831), com sua tentativa de mostrar o Espírito como um fenômeno, e dos demais filósofos do Romantismo alemão, pouco avanço se obteve no sentido de se estabelecer critérios racionais para o conhecimento do Espírito e, consequentemente, de Deus, até o advento da Filosofia Espírita.

Embora o Espiritismo tenha surgido no seio do mesmo movimento filosófico denominado Romantismo, Kardec assentava suas investigações sobre os princípios do racionalismo e do positivismo, posturas típicas do Iluminismo, movimento do qual a filosofia de Kant pode ser considerada o ponto mais elevado. Por sua vez, o Espiritismo trouxe elementos absolutamente inéditos tanto para a Filosofia do Conhecimento quanto, especialmente, para a Ciência, senão do Espírito como *coisa em si mesma*, ou seja, de sua essência ou substância, no entanto, para esclarecimento de seus principais efeitos no mundo, tanto no mundo físico quanto no mundo moral, desenvolvendo uma nova epistemologia do Espírito.

Assim, conceitos filosóficos até então insolúveis, tais como *gênio*, bem como as fontes dos talentos *inatos*, presentes nas filosofias do conhecimento de Locke, Hume e Kant, podiam ser esclarecidos de modo definitivo por meio da prova da reencarnação do Espírito, o qual traz consigo o talento adquirido em outra existência, quando encarnado. O Espiritismo demonstrou empiricamente a permanência da *Consciência* mesmo após a morte do corpo, conservada integralmente no *perispírito* e, com isso, a realidade da sobrevivência da Alma de um modo impossível até Kant, apesar dos esforços de seu contemporâneo, o vidente Emmanuel Swedenborg (1688-1772).

É importante destacar que as obras deste

médium Sueco receberam, da parte de Kant, uma dura crítica, por suas tentativas de explicar o mundo dos Espíritos mediante apenas os testemunhos de suas experiências pessoais. Foi a partir da análise dos textos de Swedenborg que Kant concluiu a impossibilidade de o Espírito ser, ao mesmo tempo, sujeito e objeto de suas próprias investigações. Vê--se, pois, a importância da Filosofia Espírita, pois, ao contrário da obra de Swedenborg, ela foi integralmente comprovada pela Ciência desenvolvida por Kardec, a qual mostrou, de forma inequívoca, a permanência integral da personalidade nas inteligências desencarnadas que se comunicaram.

Desta forma, se, no tocante ao obstáculo epistemológico para conhecimento do Espírito em si, apresentado por Kant, o Espiritismo está plenamente de acordo, pois, como se vê do Capítulo I, Parte Segunda de *O Livro dos Espíritos*, estes nos informam que o gênero humano ainda não desenvolveu um sentido para o conhecimento intrínseco, ou seja, a natureza, a essência, ou substância do Espírito; no entanto, com base na Ciência Espírita desenvolvida por Kardec, já é possível a qualquer investigador informado dos princípios e leis específicas conhecer os efeitos físicos, intelectuais e, sobretudo, as relações morais dos Espíritos com os Homens.

A incredulidade que a filosofia acadêmica e as ciências físicas e biológicas dedicam aos fenômenos espíritas até nossos dias deve-se, fundamentalmente, a dois fatores: o pré-conceito e a ignorância. O primeiro dá-se em decorrência do equívoco em se reduzir as questões espíritas ao domínio da Religião, quando elas sempre foram do campo da Filosofia. O segundo deve-se ao total desconhecimento das leis naturais e princípios lógicos que informam a Ciência Espírita e, pois, que os fenômenos espíritas são da ordem da própria natureza humana. Por isso, Kardec ponderou:

> Para quem não conhece a lei que os rege, parecem sobrenaturais, maravilhosos e, por conseguinte, impossíveis e ridículos. Conhecida, porém, essa lei, desaparece o maravilhoso, e eles não têm mais nada que repugne a razão, porque se lhe compreende a possibilidade.

Esse equívoco em se manter uma postura negativa, *a priori*, em relação aos fenômenos espíritas é demonstrado pelo próprio filósofo Immanuel Kant em seu texto *Sonhos de Um Vidente – Explicados Pelos Sonhos da Metafísica*, no qual ele critica, de forma radical, as obras de Emmanuel Swedenborg, o qual dizia alcançar estados de Consciência mais elevados e desvendar o mundo dos Espíritos. Se neste artigo o ilustre filósofo age acertadamente ao contestar a impossibilidade de investigação do Espírito como *coisa em si mesma*, no entanto, ele se esquece da possibilidade efetiva e real de se investigar, filosófica e cientificamente, os efeitos do Espírito no mundo.

Naquele texto, Kant alega que existem limites da investigação metafísica, pois:

> Ademais, a razão humana não é suficientemente alada para que pudesse compartilhar nuvens tão elevadas, que subtraem a nossos olhos os segredos do outro mundo, e aos curiosos que dele pedem informação com tanta insistência pode-se dar a notícia simplista, mas muito natural, que o mais sensato é decerto ter paciência até chegar lá.

Kant evidencia a total ignorância da filosofia de seu tempo quanto às leis que regulam a vida do Espírito, leis absolutamente naturais desvendadas pelo Espiritismo de Kardec. Por isso, naquele texto, ele critica de forma contundente as obras de Swedenborg, especialmente suas tentativas de revelar detalhes da vida no mundo espiritual. Embora fosse um homem de inquestionável religiosidade, estabelecida sobre os princípios do Luteranismo Pietista, para Kant tais experiências não passavam de devaneios de um Espírito exaltado, pois, ante as condições cognitivas do ente racional, esse conhecimento seria impossível a seres finitos como os Homens, por lhes faltar uma faculdade da Razão para o conhecimento da sua essência como ser transcendente.

Embora essa faculdade humana já fosse esclarecida no seio da filosofia hinduísta, o seu conhecimento só chegou ao Ocidente através do Espiritismo, quando esta filosofia nos revelou serem todos os Homens dotados da mesma, denominando-se a, então, *mediunidade*. Ela nada mais é que o sexto sentido ainda em estado de natural desenvolvimento em cada um e em todo Espírito, como o resultado das suas tentativas de superação da sua mera condição como Homem no mundo, desenvolvimento que se dá mediante práticas filosóficas e religiosas, ou seja, através da meditação e da prece.

A mediunidade é, portanto, o resultado da evolução humana no campo dos sentimentos, da transcendência, que é alcançada não apenas nas suas relações com as belas artes, mas, principalmente, nas relações pessoais que busca estabelecer com o Criador e com o mundo espiritual à nossa volta, as quais são desenvolvidas pelo hábito da meditação e da prece. Mediante essas práticas de recolhimento, o Espírito rompe a barreira dos sentidos físicos e alcança, mediante exclusivamente com os seus sentidos espirituais internos, a realidade do mundo espiritual à nossa volta, tal como informado na pergunta 495 de *O Livro dos Espíritos*.

Foi a partir do conhecimento dos mecanismos da *mediunidade*, faculdade essa a qual é sediada no perispírito, o corpo sutil organizado pela Consciência, faculdade evolutiva que é perene e acompanha o

Espírito em toda a sua Vida, tanto no mundo etéreo quanto ao ingressar em cada novo corpo físico grosseiro, que Kardec pôde realizar as experiências e demonstrar, de forma empírica, a realidade da vida transcendente.

Na sua terceira obra crítica, a *Crítica da Faculdade do Juízo*, Kant conclui que, pelo sentimento estético, o ente racional é capaz de superar os seus limites cognitivos e alcançar um estado de transcendência em relação à sua mera condição de ser no mundo. Esta superação dar-se-ia por meio do sentimento do belo e do sublime, que é produzido pelas belas artes, tanto as realizadas pelo *gênio* humano quanto aquelas dadas pela natureza. No entanto, permaneceriam suas restrições quanto ao conhecimento do Espírito em si mesmo e suas relações com os Homens.

A história da filosofia mostra que, à época de Kant, fora dos alcances da filosofia de origem hinduísta e suas derivadas, tais como o budismo e a filosofia grega clássica, não havia, no Ocidente, qualquer informação sobre a faculdade mediúnica, pois, mesmo o êxtase dos santos cristãos que lhes permitiria entrever fatos do mundo espiritual eram realizações que se encontravam no domínio religioso e, pois, fora dos campos da Filosofia, de sorte a prevalecer no Ocidente essa barreira epistemológica para o conhecimento do mundo espiritual.

A culpa, portanto, pela rejeição de Kant às

obras de Swedenborg não é do filósofo alemão, uma vez que o trabalho do pensador Sueco foi de caráter humano e personalíssimo, fruto apenas de suas faculdades anímicas, sem a organização de uma doutrina filosófica de origem teórico-prática que demonstrasse a existência das leis e dos princípios subjacentes aos fenômenos do Espírito. O Espiritismo, ao contrário, é fruto do trabalho de um colegiado de Consciências desencarnadas, as quais, ao comprovarem a continuidade da Vida, esclareceram tanto as leis naturais que informam os fenômenos espíritas quanto a necessidade da *lei moral*, à qual encontram-se submetidas todas as relações espirituais, uma vez que são dadas entre seres livres.

Desta forma, os obstáculos epistemológicos apresentados por Kant, que impossibilitariam a investigação da realidade do Espírito desencarnado, por ausência de recursos cognitivos do sujeito investigador, foram totalmente afastados pela Doutrina Espírita. Ao desvendar a natureza do corpo espiritual constituído de matéria quântica, o perispírito, assim como a vontade como a força essencial da Alma e, finalmente, a preservação integral da memória e da consciência espiritual que nos submete à *lei moral*, mesmo encontrando-nos naquele outro estado, Kardec evidenciou a existência do Espírito. Desta forma, se não é possível conhecer-se, cientificamente, a substância da qual é constituído o Ser transcendente, seus efeitos no mundo já são investigados a partir do conhecimento da realidade do seu corpo, o perispírito.

A Ciência Espírita evidenciou que a natureza intrínseca do corpo espiritual e a preservação integral da sua memória permitem aos Espíritos se comunicarem com os Homens por meio de um sexto sentido ainda em desenvolvimento, mas que, a exemplo dos demais cinco já efetivados, é mais uma faculdade absolutamente natural dos seres racionais, a *mediunidade*.

Esta faculdade já é conhecida pelo Hinduísmo há milênios, como demonstra o diretor do Instituto Pasteur no início do século XX, o cientista francês Paul Gibier, em sua obra *O Espiritismo – faquirismo ocidental*. Foi por meio desta faculdade que Kardec realizou as irrecusáveis experiências de intercâmbio espiritual entre encarnados e desencarnados, superando aquela tentativa isolada de Emmanuel Swedenborg e também a crítica de Kant.

Esta epistemologia do Espírito foi totalmente exposta por Allan Kardec em *O Livro dos Médiuns*, a mais importante obra científica já dada à Humanidade. Entretanto, foi o próprio Kardec quem, de início, advertiu os futuros experimentadores para os obstáculos que, certamente, iriam enfrentar, como se vê de seu artigo, *A Minha Iniciação no Espiritismo*, publicado em *Obras Póstumas*, na qual expõe sua constrangida aproximação com os fenômenos das *mesas girantes,* que deram origem à sua vasta investigação:

Foi em 1854 que ouvi falar, pela primeira vez, em mesas girantes. [...] As notícias dadas pelos jornais de experiências feitas em Nantes, Marselha e outras cidades não permitiam duvidar da realidade do fenômeno. Tempos depois, tornei a encontrar Fortier, que me disse: – Mais extraordinário do que fazer uma mesa girar e andar é fazê-la falar: perguntam, e ela responde. – Isto é outra questão – respondi-lhe. Só acreditarei se vir ou se me provarem que a mesa tem cérebro para pensar, nervos para sentir e que pode tornar-se sonâmbula [hipnotizada]. Até então, permita-me que considere isso uma história fabulosa. Esse raciocínio era lógico. Eu compreendia a possibilidade do movimento por uma força mecânica, mas, ignorando a causa e a lei do fenômeno, parecia-me absurdo atribuir inteligência a uma coisa material. Coloquei-me na posição dos incrédulos dos nossos dias, que negam porque não podem compreender os fatos.

Um dos primeiros resultados das minhas observações foi saber que, sendo os Espíritos as almas dos homens, não possuíam a soberana sabedoria, nem a soberana ciência, e que o seu saber era limitado ao grau de adiantamento, assim como a sua opinião só tinha o valor de opinião pessoal. Esta verdade, reconhecida desde o princípio, preservou-me do perigo de acreditar na infalibilidade deles e livrou-me de formular teorias prematuras sobre os ditados de um ou de alguns.

Essa postura do organizador do trabalho dos Espíritos evidencia a sua inestimável virtude da *prudência*, tal como preconizada pelo filósofo santo Tomás de Aquino em um tratado inserido na sua majestosa obra, *Suma Teológica*, intitulado *A Prudência*, no qual empreende a investigação da postura racional que deverá instruir e guiar o intelecto no seu agir, mormente se a sua busca é por suplantar suas paixões pelo atendimento do *Dever*.

Jean Lauand, autor da tradução da obra *A Prudência*, de Tomás de Aquino, assim descreve essa postura virtuosa:

> Se hoje a palavra prudência tornou-se aquela egoísta cautela da indecisão (em cima do muro), em Tomás, ao contrário, prudentia expressa exatamente o oposto: é a arte de decidir corretamente, isto é, com base não em interesses oportunistas, não em sentimentos piegas, não em impulsos, não em temores, não em preconceitos, etc., mas, unicamente, com base na realidade, em virtude do límpido conhecimento do ser. É esse conhecimento do ser que é significado pela palavra ratio na definição de prudentia: recta ratio agibilium, "reta razão aplicada ao agir", como repete,

uma e outra vez, Tomás. Prudentia é ver a realidade e, com base nela, tomar a decisão certa. Por isso, como repete Tomás, não há nenhuma virtude moral sem a prudentia, e mais: "sem a prudentia, as demais virtudes, quanto maiores fossem, mais dano causariam." (ob. cit. p. IX/X da Introdução).

Vê-se que Kardec agiu sob os mais rigorosos processos científicos, sem dogmas ou pré-conceitos, sob os mais rigorosos procedimentos de um verdadeiro cientista, como ele pessoalmente descreve naquele artigo:

O fato apenas de comunicação com os Espíritos, independentemente do que eles pudessem dizer, provava a existência do mundo invisível: ponto capital, campo imenso aberto às nossas explorações, chave de uma multidão de fenômenos inexplicados. O segundo ponto, não menos importante, era conhecer o estado desse mundo e os seus costumes, se assim me posso exprimir. Vi logo que cada Espírito, segundo a sua posição e conhecimentos, patenteava-me uma face daquele mundo, do mesmo modo como se chega a conhecer o estado de um país, interrogando habitantes de todas as classes e condições, podendo cada um ensinar-nos alguma coisa, e nenhum, individualmente, ensinar tudo.

Incumbe ao observador formar o conjunto, coordenando, colecionando e conferindo, uns com os outros, documentos que tenha recolhido. Procedi com os Espíritos como teria feito com os homens; considerei-os, desde o menor até ao maior, como elementos de instrução e não como reveladores predestinados.

Esta é a postura de um verdadeiro cientista, que age com prudência, sem leviandade ou vaidade, que é honesto em suas investigações e jamais coloca suas convicções pessoais acima do interesse universal, mesmo que em prejuízo daquelas, pois, acima de tudo, sua busca é pela Verdade e a ela submete todos os seus demais interesses:

Tais foram as disposições com que empreendi e com que sempre segui os estudos espíritas: observar, comparar, julgar, essa foi a regra invariável que me impus.

As sessões da casa do Sr. Baudin nunca tinham tido fim determinado: procurei, nelas, resolver problemas, que me interessavam, sobre filosofia, psicologia e a natureza do mundo invisível. Em cada sessão, apresentava uma série de perguntas preparadas e metodicamente arranjadas, e tinha sempre respostas precisas, profundas e lógicas.

Durante sua investigação, dúvidas surgiram não apenas quanto ao teor das respostas obtidas por uma médium em particular, como também em relação à autenticidade das mesmas, de modo que, não satisfeito com essa condição de controle da pesquisa, Kardec, evidenciando sua criteriosa postura em atendimento ao método positivista, superou esse obstáculo da seguinte forma:

> Tendo me relacionado com outros médiuns, sempre que se me oferecia ocasião, a aproveitava para propor algumas das perguntas, que me pareciam mais espinhosas. Foi assim que mais de dez médiuns prestaram sua assistência ao trabalho e foi da comparação e da fusão de todas essas respostas, coordenadas, classificadas e muitas vezes remoídas no silêncio da meditação, que formei a primeira edição de *O Livro dos Espíritos*, aparecida a 18 de abril de 1857.

Todas as conclusões da enorme experiência realizada por Kardec encontram-se dispostas nas cinco obras por ele escritas, sendo a primeira delas *O Livro dos Espíritos*. Nesta obra, o pesquisador organiza e apresenta a Filosofia e a Ciência Espíritas, mediante a exposição de todos os novos fundamentos e as novas leis para conhecimento do Homem Integral, tanto sua realidade imanente como ser do mundo quanto à verdade de sua vida, que transcende a mera existência física. A sua origem, o seu passado e a destinação futura do Homem recebem, então, nova fundamentação teórica, assente sobre conhecimentos obtidos de três fontes distintas: Filosofia, Ciência e Religião.

Antecipando, outrossim, o avanço da moderna epistemologia, ou seja, da filosofia da ciência contemporânea, Kardec organiza *O Livro dos Médiuns*, obra essa na qual apresenta todos os passos para a realização de uma investigação científica que poderá ser realizada por qualquer pessoa sem pré-conceitos, visando estabelecer relações conscientes com os Espíritos para o verdadeiro conhecimento dos efeitos dessas relações, as quais são constantes e afetam diretamente tanto nosso mundo físico quanto, principalmente, determinam nossas experiências e o nosso universo intelecto-moral.

Portanto, como Kardec já antecipara em duas exposições, tanto na introdução de *O Livro dos Espíritos* quanto em *O Livro dos Médiuns*, o Espiritismo apresenta novos princípios e novas leis para as ciências, tanto as ciências físicas e biológicas, ao demonstrar a realidade do perispírito como o corpo quântico imperecível do Espírito, quanto para as ciências humanas, mediante o esclarecimento pleno da preexistência e a transmigração das Almas e a constante influência destas em nosso mundo físico e comportamental, manifestada nos fenômenos da consciência.

Desta forma, a Filosofia e as Ciências não avançarão no sentido de alcançarem a totalidade da realidade humana e de realizar um amplo domínio do Homem na sua constituição integral, sem o conhecimento das leis e princípios informados pelo Espiritismo. Apesar de toda a tecnologia já alcançada, nenhuma experiência científica conseguiu amenizar o sofrimento humano de maneira definitiva, pois este não se restringe ao âmbito da matéria, nem decorre de nossas relações físicas, mas, sim, das nossas ainda flagrantes limitações Éticas e Morais.

Esses domínios exclusivos do Ser Humano, a Ética e a Moralidade, contam evolução mais lenta do que o avanço tecnológico, uma vez que ainda não se afirmaram no seio das Religiões, da Filosofia e da Ciência contemporâneas, as leis e os princípios fundamentais reguladores das relações humanas revelados pelos Espíritos e esclarecidos pelo esforço intelectual de Allan Kardec. Quando a Filosofia entender que o Amor é uma Força da Natureza, e que a Ética é o resultado histórico das tentativas de realizá-lo nos evos das inumeráveis reencarnações da mesma Consciência em diferentes e variados corpos físicos, Paz perpétua e Direitos Humanos deixarão de ser uma quimera jurídico-filosófica e se tornarão uma realidade universal no seio do gênero Humano.

Capítulo 4

O FILÓSOFO RACIONALISTA

"A razão diz que um efeito inteligente há de ter como causa uma força inteligente."

A CAUSALIDADE É UM DOS conceitos mais importantes na história da filosofia do conhecimento, desde Aristóteles (séc. IV a.C.), que a classificou em causas materiais, formais, eficientes e causas finais, até à filosofia de Immanuel Kant (1724-1804), que, na sua *Crítica da Razão Pura,* apresenta-a como a segunda categoria da *relação,* ou seja, como um dos recursos para análise e classificação dos objetos. Para ambos os filósofos, o conhecimento de que *todo efeito tem uma causa* sustenta nossa estrutura cognitiva desde as mais simples até as mais complexas deduções da Razão.

Sua importância se mostra no fato de que,

sendo uma categoria que permite deduzir a *relação* entre as coisas, encontrado o domínio onde se acha a *causa*, grande parte do conhecimento do *efeito* já se revela. É o que conclui Aristóteles na sua obra Órganon – categorias, VII:

> Do exposto, o seguinte resulta óbvio: se um relativo é definitivamente conhecido, aquilo ao que é relativo também será definitivamente conhecido. E o que é mais: podemos classificar isso como autoevidente. Desde que saibas ser relativa uma coisa particular, sendo relativos aqueles objetos cuja própria existência consiste em serem eles, de uma maneira ou outra, relacionados a uma outra coisa, então saberás o que é esta outra coisa a que se relaciona a conhecida; pois, se não soubesses de modo algum o que é essa outra coisa à qual aquela se relaciona, também desconhecerias se esta é ou não um relativo dela.

Na mesma obra, no capítulo *Analíticos Posteriores*, verificando as condições de como se dá o conhecimento, Aristóteles conclui que todo juízo parte necessariamente de premissas:

> As premissas, portanto, têm que ser proposições verdadeiras, pois é impossível conhecer o que é contrário ao fato. Têm que ser causais, melhor conhecidas e anteriores – causais porque só dispomos de conhecimento

de uma coisa quando conhecemos sua causa. (II) Conhecer a razão de uma coisa é conhecê--la através de sua causa. (VI)

Por conseguinte, não é possível demonstrar uma coisa passando de um gênero a outro. O gênero tem que ser o mesmo. (VII)

A partir de Galileu Galilei, a causalidade foi tratada como uma verdadeira lei para a Razão, popularizando-se como a *lei de causa e efeito*, a qual apresenta um juízo universalmente reconhecido como verdadeiro, a saber, todo *efeito* tem uma *causa*. Uma das maiores dificuldades de todo o processo de conhecimento é identificar, com a necessária precisão, como adverte Aristóteles no trecho acima, a relação entre o relativo e o relacionado, ou, o domínio onde pode ser encontrada a *causa* para o *efeito* investigado, pois qualquer equívoco neste procedimento conduzirá a investigação a um fim equivocado.

O maior problema da Filosofia e das Ciências na contemporaneidade é, exatamente, identificar o domínio correto onde se encontra a *causa* para o *efeito* Ser Humano. As tentativas modernas e contemporâneas de se apreender toda a realidade humana levaram, tanto filósofos quanto cientistas, a, paradoxalmente, subdividirem seus campos de investigações em especialidades cada vez mais numerosas para domínios cada vez menores.

Porque as ciências foram se especializando, o Homem é hoje, tanto para a Filosofia quanto para as Ciências, um ser inteiramente dissecado, desde a mais básica sinapse neuronal até à menor molécula do seu bioma, em busca da sua essência. O grande drama humano na atualidade é, contudo, que os mesmos experimentadores que recortaram o Ser humano não tiveram capacidade para reconstituí-lo, deixando-o completamente perdido de si mesmo e de sua origem.

Eu falei um pouco, no capítulo anterior, sobre Immanuel Kant, o maior pensador da Moral depois de Sócrates (séc. IV a.C), marcos históricos da Filosofia. Seu sistema, entretanto, como é salutar no campo das investigações sérias, sofreu críticas desde Arthur Schopenhauer (1788-1860) até Friedrich Nietzsche, especialmente suas conclusões de ser o Homem um ente constituído a partir de uma dupla *causalidade: natureza* e *liberdade*.

Kant entendia o Homem a partir de duas causas: uma que lhe dá a consciência Moral, a *liberdade*, fruto da Alma, outra que lhe dá os instintos e sua natureza corpórea animal. Para Schopenhauer e Nietzsche, contudo, a única natureza humana é a biológica, e a causa de todos os fenômenos humanos são as pulsões hormonais instintivas de vida e de morte. Para estes, os fenômenos culturais nada mais seriam que reflexos desses dois impulsos naturais do Homem. A filosofia de Schopenhauer e

Nietzsche é, por óbvio, a fonte primária da psicanálise de Sigmund Freud.

Essa é, entretanto, uma discussão que remonta pelo menos oito mil anos, qual seja, saber se o Homem é constituído a partir de *Espírito* e *matéria*, como pensam os espiritualistas, ou somente a partir da *matéria*, como defendem os materialistas. Entre os primeiros intérpretes dos Vedantas, os livros básicos da filosofia indiana contidos na parte final dos Vedas, já figuravam alguns pensadores que viram, naquelas revelações sobre a origem do *Ser*, um monismo material essencial, ou seja, a ideia de que tudo o que existe é a matéria, sendo esta a única *causa* para a evolução do *efeito ser humano*.

A filosofia indiana predominante, no entanto, é espiritualista, ou seja, aquela que defende como verdadeiramente existente apenas do *Ser* imaterial, o Espírito, o único que é permanente, imperecível e essencial. As transformações da matéria dão-se apenas como uma ilusão dos sentidos, pois ela não existe como essência, mas, apenas, como resultado das agregações do éter. Para a filosofia indiana, portanto, o Homem é o único e verdadeiro *ser*, pois ele é o resultado da evolução de um princípio imaterial junto da matéria, cuja evolução se dá impulsionada pela roda da *Samsara*, ou, das reencarnações sucessivas, para, realizada a sua essência, juntar-se novamente ao Uno de onde emanara.

A existência deste princípio inteligente imaterial como essência do *ser* surgiria também no Ocidente na forma da *mônada* apresentada pelo filósofo alemão Gottfried Leibniz (1646-1716). A *mônada* seria a forma substancial do *ser* imaterial, indivisível, individual e eterna, cada uma refletindo um universo íntimo sujeito às leis próprias de sua essência. As *mônadas* seriam para o mundo metafísico aquilo que o átomo (atualmente, pela teoria quântica, a *supercorda*) seria para o físico, pois sua característica principal é a irredutibilidade própria daquilo que é *simples*, ou seja, daquilo que, por não ser composto, não se decompõe.

O conceito de *simples* é tão importante na história da Filosofia que surgiria nos Vedantas há 8.000 anos, por revelação dos rishis, ou, os médiuns hindus, como sendo a característica principal do *Purusha*, o *princípio-força inteligente*. Este princípio é "aquele que vela naquele que dorme", como se vê na *Katha Upanishad*, II.2.8, segundo Sri Aurobindo na sua obra *A Vida Divina*, uma força substancial inteligente, a qual, juntamente com outro princípio material, o *Prakriti*, constituiria os dois elementos do mundo, a saber, *Espírito* e *matéria*. *Prakriti* e *Purusha* seriam os dois elementos substanciais gerados pelo *Brahman*, o Uno, Deus.

No Ocidente, o conceito de *simples* surgiria como a característica principal da *mônada* de Leibniz, sendo retomado e definitivamente esclarecido pelo Espiritismo de Kardec. Tanto o *Purusha* da *Upanishad* quanto a *mônada* de Leibniz, assim como o *Princípio Inteligente* revelado pelos Espíritos, são substâncias imateriais cujas principais características são a simplicidade, ou seja, a não composição e a capacidade de assimilar conhecimento. Estes *seres simples*, portanto, sendo não-compostos, não se decompõem, por isso gozam da imortalidade e, como *entidades criadas inteligentes,* adquirem conhecimento e evoluem.

Embora Leibniz não tenha chegado a essa informação sobre a capacidade evolutiva da *mônada*, esse antigo conhecimento da filosofia indiana foi recuperado pelo Espiritismo, o qual, de modo empírico, evidenciou ser essa a origem do *Espírito*, ou, da *Consciência,* segundo a definição dos adeptos da tradição Vedântica. Este embate sobre a origem espiritualista ou materialista dos seres humanos alcançou nossos tempos, sendo que a crítica de Nietzsche a Kant é, sem dúvida, um dos momentos mais refinados da filosofia materialista.

Entretanto, se a discussão filosófica entre o que é *Espírito* e o que *Matéria* na constituição do ser humano é produtiva, um efeito muito deletério do modo materialista de se encarar a Vida, tal como o praticado por Nietzsche, pode ser constatado pelo último ato do drama existencial vivido por esse grande pensador alemão, pois ele deixou este mundo mergulhado nas sombras da loucura e na tristeza do abandono em um manicômio, estado esse causado, segundo seu discípulo Georges Bataille, por seu modo materialista de pensar a vida.

Não obstante Kardec tenha nos alertado para a loucura que pode ser gerada pelo materialismo, este estado da Alma não é muito diferente, nas suas consequências, da insanidade provocada pelo extremismo religioso, como a santa inquisição da Igreja evidenciou, justificando a crítica de Nietzsche de ser ela própria o anticristo. Por sua vez, o materialismo também não se mostrou mais profícuo para a evolução Moral dos povos, como alguns regimes estatais Comunistas revelaram na barbárie genocida que provocaram no século passado.

A Filosofia Espírita de Allan Kardec apresenta a solução para esse enorme dilema ao mostrar a dupla constituição do ser humano: Espírito e Matéria. Ao evidenciar que o Homem é o fruto da evolução de dois princípios criados por *Deus*, *Princípio Inteligente* e *Fluido Cósmico Universal*, os quais, pelo impulso da própria *vontade*, força essencial de toda *Inteligência*, facultarão a evolução, tanto do corpo quanto da consciência, em inumeráveis reencarnações, até que o *ser* adquira uma condição de arbítrio livre, o Espiritismo reconcilia definitivamente Ciência, Filosofia e Religião, pois revela a dupla *causalidade* e o valor inestimável de cada Ser Humano, por ser este o autor de sua própria evolução.

No entanto, no decorrer da História da Filosofia, a *causalidade* sofreu diversas análises e algumas críticas, sendo a mais grave delas oriunda do pensamento de David Hume (1711-1776). Para este, que é um dos fundadores do movimento filosófico denominado *Empirismo*, como se vê de sua obra *Investigações Sobre o Entendimento Humano e Sobre os Princípios da Moral*, a noção de *causalidade* não pode ser arbitrariamente transformada numa lei como pretendem os filósofos *idealistas*, uma vez que, na realização de qualquer fenômeno, o *efeito* já estaria embutido na *causa* e seria desta indissociável. Segundo Hume, portanto, a noção de *causalidade* decorreria meramente de um simples hábito da experiência cognitiva e não de uma lei natural.

A importância do pensamento de Hume se mostra pelo fato de que ele é considerado, juntamente com Locke (1632-1704) e Berkeley (1685-1753), um dos fundadores do *Empirismo*, movimento filosófico que pleiteia o conhecimento como oriundo exclusivamente da experiência objetiva, na esteira da filosofia do conhecimento de Aristóteles, negando, portanto, qualquer espécie de conhecimento oriundo de *ideias inatas*, tal como pleiteado por Sócrates e Platão. Não é difícil enxergar no *Empirismo* a base teórica fundamental para o surgimento do *Positivismo*, o movimento filosófico que admite, na busca do conhecimento, somente experiências dadas mediante a observação empírica dos objetos do mundo.

Embora o *Empirismo* ainda predomine como paradigma teórico para a ciência contemporânea, na forma do *Positivismo*, o qual só admite investigar objetos que se encontrem no campo da experiência dos sentidos físicos, ele recebeu de Immanuel Kant uma séria e definitiva crítica que resgataria a *lei de causa e efeito* do alijamento filosófico em que o *Empirismo* desejava lançá-la, permitindo a este a constituição de uma metodologia para toda investigação metafísica.

Em sua obra *Crítica da Razão Prática*, Kant, embora considere David Hume um admirável filósofo, aponta um erro fundamental no seu *Empirismo*, quando este, recusando a validade legal da noção de causa e efeito, trata-a como um simples princípio da experiência desenvolvido pelo hábito. A defesa de Kant mostra que, ao contestar a lógica que distingue o *efeito* da sua *causa,* pleiteando encontrar-se aquele embutido nesta, o *Empirismo* desconsidera a noção temporal, e, com isso, o fato de dar-se o *efeito* num *tempo* distinto do *tempo* da *causa*. Para Kant, este era um erro tão primário, pelo qual este argumento do *empirismo* não mereceria dele maior atenção.

Esclarecer a noção de *causalidade* e restaurar a validade da *lei de causa e efeito* foi uma tarefa assumida por Kant, pois esta se encontrava no centro de toda a sua filosofia do Conhecimento e da Moral. Na sua obra *Crítica da Razão Pura,* a *causalidade* é apresentada como a segunda das *categorias* da *relação*, as quais são derivadas dos juízos puros que dizem respeito à relação lógica entre *causa* e *consequência*, ou, como vimos de Aristóteles, a ligação necessária entre o *relativo* e o *relacionado*.

Retomando a filosofia de Aristóteles, Kant apresenta as *categorias* como recursos inatos da faculdade do *entendimento*, necessários para a realização da "conexão e unidade" das coisas. Por isso, as *categorias* não poderiam decorrer de hábitos adquiridos, uma vez que são elas próprias as condições de qualquer conhecimento, juntamente com a noção de *espaço* e *tempo*, e, assim como esses, precederiam toda e qualquer experiência, constituindo parte do acervo *inato* de todo ente racional.

Para Kant, assim como as *categorias*, as noções de *espaço* e *tempo* devem ser consideradas intuições puras, ou seja, conceitos *inatos* e, pois, anteriores a qualquer experiência objetiva, uma vez que nada na experiência empírica é capaz de produzi-los. Muito ao contrário, o filósofo entende o *espaço* e o *tempo* como condições *a priori*, anteriores, portanto, a toda e qualquer experiência, por isso, jamais poderiam derivar desta e constituir, assim, um simples *hábito* do *entendimento*, tal como pretendeu o *Empirismo*.

De fato, se a filosofia do conhecimento assenta-se sobre as noções fundamentais de *espaço* e *tempo* e das *categorias*, o *espaço* como a condição de observação das formas dos objetos no mundo, o *tempo* como condição de constatação da mudança das mesmas e as *categorias* como recursos de classificação desses conhecimentos, a crítica de Kant ao *Empirismo* não pode, de modo algum, ser desconsiderada e, com isso, o filósofo alemão resgataria a *lei de causa e efeito*, a qual se encontra na base de toda a Doutrina dos Espíritos.

Preservada a sua validade, a lei de *causalidade* auxiliaria Kant a realizar uma análise das faculdades racionais do Homem seguindo o caminho aberto por René Descartes, destacando que o "eu penso" deve acompanhar todas as nossas representações dos objetos do mundo. Para o filósofo alemão, a *espontaneidade* do primeiro impulso para o raciocínio evidenciaria a *natureza* distinta entre o corpo, fruto da natureza, e a *razão*, faculdade da Alma.

Assim, a exemplo do autor do *cogito ergo suum*, Kant entende que o ente racional deve ser considerado em sua dupla *Natureza*, uma vez que, para além de um ser meramente corpóreo, este se mostra também capaz de desenvolver um *sentimento moral*, capacidade essa que não guarda qualquer relação com a sua experiência com objetos do mundo, mas que se deve, exclusivamente, à sua essência pela *Liberdade*.

Por conseguinte, para Kant, o Homem deve ser considerado como constituído a partir de duas causas absolutamente distintas: *natureza* e *liberdade*. Com isso, ele salvaria a filosofia dualista de René

Descartes, a qual apresenta o Ser Humano como constituído a partir de duas *substâncias:* um *corpo* mensurável e uma *alma* pensante.

Todos esses primeiros argumentos foram expendidos por Kant em duas de suas obras da trilogia crítica, a saber, a *Crítica da Razão Pura* e a *Crítica da Razão Prática*. Na sua terceira obra dessa trilogia, a *Crítica da Faculdade do Juízo*, o filósofo investiga o *sentimento do belo e do sublime*, como o produto das belas artes capaz de fazer com que o ente racional alcance um estado de alma que lhe permita transcender a sua mera existência no mundo, o qual constituiria o *sentimento estético*.

Nesta obra, Kant deduz que a *imaginação* é a faculdade da *Razão* responsável por realizar a ponte entre a *sensibilidade* e o *entendimento*, duas outras faculdades responsáveis pelo processo de conhecimento objetivo. A *sensibilidade* forneceria os objetos dados no mundo, e o *entendimento* as representaria internamente. A *imaginação* seria a faculdade responsável por realizar a ponte entre a *sensibilidade* e o *entendimento* e, portanto, só atuaria mediante as representações objetivas fornecidas pelo mundo sensível.

Esta dedução é de fundamental importância para o fortalecimento do argumento kantiano de que o Homem deve ser considerado como constituído a partir de duas *causas: liberdade* e *natureza*. Ao confirmar a necessidade de a capacidade de pensar preceder toda e qualquer representação objetiva do mundo, Kant confirma a dualidade de *ser pensante* e *ser corpóreo*, deduzida para o Homem por Descartes. Segundo o filósofo alemão, não haveria qualquer possibilidade de se realizar qualquer representação objetiva, e, pois, qualquer conhecimento, não fosse a realidade interna do "eu penso" acompanhando todas as representações dos objetos.

Restaria saber como é possível ao Homem deduzir esta sua dupla natureza, corpo e inteligência, uma vez que ele só teria a experiência do mundo, para a qual não existiria qualquer demonstração empírica da *Liberdade*, mas apenas condições contingenciais. Descartes deduziu essa dupla natureza humana a partir da constatação do *cogito*, ou, *penso, logo existo*. Kant deduz que, embora o *eu transcendental* não possa ser conhecido como *coisa-em-si*, por não poder ser considerado, ao mesmo tempo, *sujeito* e *objeto* da investigação, o *"eu" pensante* antecederia qualquer ato de pensar e, portanto, não poderia haver ciência sem uma espontânea realização dessa capacidade inata de um *ser* que atua internamente mediante a *liberdade transcendental*.

A capacidade de, espontaneamente, buscar o Homem pelo conhecimento das coisas demonstra para Kant sua *liberdade transcendental* e, por conseguinte, como a ideia de *liberdade* não pode ser jamais algo apreendido mediante a experiência no mundo, pois este só nos fornece referências de necessidades, produzindo, assim, tendências e inclinações, é justificada a conclusão de que há no Homem duas naturezas, uma oriunda da natureza e outra da Alma.

Para Kant, há, outrossim, conteúdos fundamentais ao ato de pensar que não poderiam, em hipótese alguma, decorrer da experiência cognitiva, uma vez que constituem exatamente a base sobre a qual se estabelece o pensamento, e, pois, qualquer experiência e estes são, como visto, o *espaço* e o *tempo*. Kant os considera como *intuições puras*, ou seja, uma estrutura *inata* do ente racional que não decorreria, portanto, do nascimento, ou, de qualquer experiência do sujeito *cognoscendi* no mundo a partir da sua natureza corpórea, pois constituem condições *a priori* para sua própria experiência de mundo.

Muito embora os filósofos materialistas que sucederam Kant, especialmente depois de Darwin, tentem atribuir a existência desses conteúdos cognitivos inatos à evolução da própria espécie humana, os quais seriam transmitidos geneticamente na forma de arquétipos, ou, conteúdos universais, conclusões essas adotadas também pela teoria psicanalítica de Sigmund Freud, a recente descoberta do Projeto Genoma demonstrou a impossibilidade dessa teoria materialista, uma vez que evidenciou a ridícula constituição genética do corpo humano em comparação com outras espécies, inclusive vegetais, bem como a impossibilidade de transmissão hereditária de caracteres de personalidade.

Da mesma forma, as conclusões de Kant na sua terceira obra crítica, *Crítica da Faculdade do Juízo*, de que a *imaginação* não opera sem elementos dados na sensibilidade, anulam por completo a tese de Freud apresentada na sua obra *Totem e Tabu*, de que as ideias de deuses e Espíritos da natureza seriam atavismos arcaicos, frutos do primitivismo da espécie humana manifesto em nossos ancestrais, os quais, em suas experiências tribais, por um erro de sub-repção, deduziram, a partir de alguns, então, inexplicáveis fenômenos imanentes da natureza, tais como relâmpagos e trovões, a existência de seres transcendentes.

A tese de Freud é, segundo a filosofia de Kant, absurda, pois, de uma causa material imanente à natureza, os homens primitivos não seriam capazes de deduzir uma causa transcendente, por absoluta ausência de representações externas ou internas a instrumentalizarem a faculdade da *imaginação* na criação daquelas tão originais ideias de deuses e de Espíritos. Portanto, conforme demonstrou o Espiritismo depois de Kant, só a teoria platônica das reminiscências explicaria essa capacidade do Homem de pensar em deuses e em si mesmo como seres independentes da matéria, pois essas ideias inatas acompanham o ser imortal em todas as suas peregrinações terrenas, desde suas primeiras e mais remotas experiências nas cavernas até sua evolução plena como ser espiritual.

Por sua vez, a ciência contemporânea já pode comprovar, tanto a partir da ciência Espírita quanto das atuais *Experiências de Quase Morte* e do *Projeto Genoma*, o dualismo humano como o de um ser constituído a partir de Espírito e matéria. Uma das conclusões mais esclarecedoras da pesquisa sobre o genoma mostra que, organicamente, o ser humano não guarda qualquer relação em termos de complexidade com suas faculdades intelectuais, já que, sob o ponto de vista genético, um grão de arroz é duplamente mais complexo que um corpo humano. O cereal é constituído por uma combinação de 50.000 genes, enquanto que o organismo humano, por 25.000.

Assim, a teoria de que o ser humano é complexo a partir da complexidade do cérebro não mais se justifica, nem, por conseguinte, a tese de que os conhecimentos inatos do Homem decorreriam da transmissão genética de características arquetípicas pela sua participação no gênero humano, tal como pleiteia Carl Gustav Jung com o seu conceito de *Inconsciente Coletivo*, o que reforça a evidência Espírita de que o Homem é constituído de *Espírito* e *Matéria*.

Essa constatação da biologia contemporânea mostra que a essência do Humano enquanto ente de inteligência e de moralidade não é devida aos genes, nem, por conseguinte, ao seu corpo. Este fato científico deveria ser, para aqueles que ainda tentam ocultar o sol com as próprias mãos, uma abertura para a consideração da verdade contida no dualismo cartesiano, admitindo a condição humana como constituída por uma *coisa material* e outra *coisa pensante*.

Da mesma forma, a diferença mínima existente entre a composição genética dos seres humanos e a dos demais primatas, contrastante com a enorme diferença de capacidade intelectual e a total ausência de senso moral nos últimos, justifica a filosofia de Kant, que considera o ente racional a partir de sua dupla essência: *natureza* e *liberdade*, a primeira a lhe dar o instinto e, consequentemente, os apetites e as paixões, a segunda a lhe permitir a evolução de uma consciência moral e, pois, uma dignidade de ser que pode alcançar plenamente a liberdade.

Desta forma, tanto a ciência contemporânea quanto a filosofia de Descartes e Kant sustentam a sábia conclusão de Kardec aposta em *O Livro dos Espíritos*:

> A razão diz que um efeito inteligente há de ter como causa uma força inteligente e os fatos hão provado que essa força é capaz de entrar em comunicação com os homens por meio de sinais materiais. A harmonia existente no mecanismo do Universo patenteia combinações e desígnios determinados e, por isso

mesmo, revela um poder inteligente. Atribuir a formação primária ao acaso é insensatez, pois que o acaso é cego e não pode produzir efeitos que a inteligência produz. Um acaso inteligente já não seria acaso.

O modelo contemporâneo para a investigação científica exige, segundo o epistemólogo francês Gilles Gaston Granger, em sua obra *A Ciência e as Ciências*, tanto a especialidade teórica quanto o conhecimento prático do pesquisador, o qual deverá dominar com profundidade todo o objeto investigado para que sua crítica seja válida. Por isso, ele conclui: "Feitas essas reservas, diante da ciência, não devemos ostentar nem um ceticismo desconfiado, nem uma fé cega, e sim uma admiração profunda e uma confiança razoável."

Foi exatamente essa a postura de Allan Kardec diante dos fatos espíritas que se lhe apresentaram, aplicando a metodologia positivista da observação, tal como ele expõe em *Obras Póstumas:*

> Longe estava eu de firmar as minhas ideias, mas ali se deparava um fato, que devia ter uma causa. Entrevi, oculto naquelas futilidades aparentes, e entre aqueles fenômenos, de que se fazia um passatempo, algo de muito sério, talvez a revelação de uma nova lei, que fiz o propósito de descobrir. Bem cedo tive ocasião de observar mais atentamente do que até então o havia feito. [...] Foi ali que fiz

os meus primeiros estudos sérios sobre Espiritismo, não tanto pelas revelações, como pelas observações.

Observe-se que, embora os princípios espíritas fossem de origem revelada, Kardec não se prendeu dogmaticamente a tais revelações, mas, sim, como verdadeiro pesquisador, buscou pela observação positiva dos fatos. Sua postura na *Introdução* de *O Livro dos Espíritos* evidencia a nova epistemologia que ele inaugurava:

> As ciências ordinárias assentam nas propriedades da matéria, que se pode experimentar e manipular livremente; os fenômenos espíritas repousam na ação de inteligências dotadas de vontade própria e que nos provam a cada instante não se acharem subordinadas aos nossos caprichos. As observações não podem, portanto, ser feitas da mesma forma; requerem condições especiais e outro ponto de partida. Querer submetê-las aos processos comuns de investigação é estabelecer analogias que não existem. A Ciência propriamente dita é, pois, como ciência, incompetente para se pronunciar na questão do Espiritismo; não tem que se ocupar com isso, e, qualquer que seja o seu julgamento, favorável ou não, nenhum peso poderá ter.

Essa postura de Kardec evidencia a sua capacidade como filósofo da ciência, atualmente denominado epistemólogo, o que mostra, de acordo com Silvio Senno Chibeni, em seu artigo *A Excelência Metodológica do Espiritismo*, a grandeza da nova Ciência que ele inaugurou, a Ciência do Espírito. Com ela, Kardec apresenta toda a metodologia necessária e suficiente para a reprodução de experiências positivas com os Espíritos, retratada passo a passo em *O Livro dos Médiuns*.

Portanto, se Kant salvou a Filosofia e a Ciência contemporâneas do materialismo empirista ao resgatar a validade da *lei de causa e efeito*, Kardec, superando o obstáculo epistemológico para investigação do Espírito apresentado pelo filósofo alemão, trouxe para o campo da Ciência a possibilidade de investigação das suas ações no mundo, mostrando que, se há limitações sensoriais para o conhecimento do Espírito como *coisa-em-si*, no entanto, os seus efeitos físicos e inteligentes podem ser perfeitamente conhecidos. Assim, Kardec constituiu uma nova Ciência e Filosofia para o verdadeiro conhecimento do Ser Humano integral, Espírito e Matéria, um novo paradigma para a Filosofia do Conhecimento e uma fonte inesgotável para as Ciências Humanas.

Se a epistemologia contemporânea exige, como critério de validação da experiência, a possibilidade de reprodução do fenômeno por parte de outros investigadores nele interessados, de preferência mediante a exposição passo a passo das condições e recursos utilizados pelo experimentador original, reduzindo-se toda a experiência em uma fórmula matemática, no entanto, somente estariam credenciados para essa aferição, de acordo com Gilles Gaston Granger, cientistas informados pelos mesmos princípios e leis que subjazem ao fenômeno.

Tais procedimentos desse ramo da Filosofia, que se convencionou denominar filosofia da ciência, têm sua origem também em Aristóteles, pois este, naquela mesma obra *Organon – Analíticos Posteriores – Livro I*, já deduzira:

> Tampouco pode uma proposição de uma ciência ser demonstrada por outra ciência, exceto quando a relação é tal que as proposições de uma das ciências se subordinam àquelas da outra. (VII)

Quanto a isso, Allan Kardec foi categórico no capítulo de introdução ao *O Livro dos Espíritos*, no item VII:

> As ciências ordinárias assentam nas propriedades da matéria, que se pode experimentar e manipular livremente; os fenômenos espíritas repousam na ação de inteligências dotadas de vontade própria e que nos provam a cada instante não se acharem subordinadas aos nossos caprichos. As observações não podem, portanto, ser feitas da mesma forma; requerem condições especiais e outro ponto de partida. Querer submetê-las

aos processos comuns de investigação é estabelecer analogias que não existem. A Ciência, propriamente dita é, pois, como ciência, incompetente para se pronunciar na questão do Espiritismo: não tem que se ocupar com isso, e, qualquer que seja o seu julgamento, favorável ou não, nenhum peso poderá ter. Vedes, portanto, que o Espiritismo não é da alçada da Ciência.

A dupla *causalidade* do Homem como *res extensa* e *res cogitans* identificada por Descartes, ou seja, ser corpóreo e ser pensante, ampliada por Kant em *ser da natureza* (corpo) e *ser da liberdade* (moral), revela a singularidade do humano e determina que uma ciência que pretenda encontrar sua verdadeira *causa* não pode partir de uma premissa equívoca, tal como é a do monismo materialista, pois a espontaneidade do pensamento evidencia uma causa distinta do determinismo que é imposto a qualquer ser exclusivamente material.

Esta é uma conclusão tão lógica, que é evidenciada pelo escritor José de Saramago, materialista por princípios, em sua obra *A Jangada de Pedra*:

> Sabido é que todo o efeito tem uma causa, e esta é uma universal verdade, porém, não é possível evitar alguns erros de juízo, ou de simples identificação, pois acontece considerarmos que este efeito provém daquela causa, quando, afinal, ela foi outra, muito

fora do alcance do entendimento que temos e da ciência que julgávamos ter.

Os lamentáveis erros cometidos num passado recente, por parte de homens que se diziam religiosos, levaram ao descrédito as religiões tradicionais, como bem identificou o nobre Herculano Pires em sua obra *Agonia das Religiões*. Estes fatos históricos levaram alguns filósofos à revolta, como Nietzsche e o seu *Anticristo*, e, com isso, a tentarem reduzir o ser humano ao seu organismo e às construções socioculturais realizadas por um tal animal racional.

Este é o principal erro da filosofia e da ciência contemporânea, considerar o Homem apenas como um ser exclusivamente material, cuja evolução sociocultural teria se dado exclusivamente a partir dos impulsos de vida e de morte produzidos por funções hormonais. As irrefutáveis conclusões, tanto de Aristóteles, quanto de Kant, de que o primeiro motor do raciocínio não pode ser atribuído à matéria, principalmente, em virtude da espontaneidade com que se dá o pensamento, que é originalmente dinâmico e se distingue da matéria, que é estática, mesmo a matéria que realiza as funções eletroquímicas do cérebro, não podem ser ignoradas.

Este erro da filosofia materialista já foi evidenciado tanto pelo Projeto Genoma quanto pelas inequívocas pesquisas realizadas sobre as Experiências de Quase Morte, as quais constataram não apenas um acervo de memória mais vasto, como também um nível de consciência mais elevado em pacientes cujos cérebros haviam sido decretados "mortos", como registra o médico e escritor Sam Parnia, em seu livro *O Que Acontece Quando Morremos?*

Kant diz que as *ideias* sem os *objetos* que lhes correspondam são vazias, e estes sem aquelas são cegos. Pode-se dizer, pois, em analogia com esta afirmação do filósofo, que tanto o Espiritismo necessita da Ciência quanto esta daquele, pois, sem as novas descobertas científicas, a Filosofia Espírita é vazia, e, sem assumir a existência de um princípio espiritual, a Ciência é cega. Eis, em uma palavra, a importância do trabalho de Kardec, a reconciliação do verdadeiro conhecimento filosófico e científico sobre o Humano.

Atribuir exclusivamente ao refinamento e à complexidade da matéria cerebral os esclarecidos efeitos da Inteligência no mundo, tanto no universo cultural quanto, especialmente, no universo Ético e Moral, como pretendeu Nietzsche e a psicanálise materialista contemporânea, que o segue através de Freud, instrumentalizados pela filosofia da mente e a neurociência, é tentar atribuir a um efeito luminoso uma causa obscura. Da mesma forma, creditar à matéria, que ora é inerte, ora é determinada, um efeito absolutamente espontâneo e dinâmico como a Inteligência, a qual é capaz de evoluir até à autoconsciência e de buscar pelo conhecimento do outro, gerando o sentimento moral, é desconhecer que tudo na Natureza age segundo leis específicas.

Por outro lado, deduzir a dupla causalidade do Homem como um *Princípio Inteligente* que evoluiu organizando um *Princípio Material*, pelos evos do *tempo* e no *espaço* das suas inumeráveis reencarnações para atendimento da lei do progresso universal, é tributar maior dignidade ao Ser Humano, reconhecendo que um efeito esclarecido como uma *razão* capaz de se autodeterminar para o mais elevado fim a que pode almejar um *Ser*, a *Liberdade* não pode emergir de um *ser* obscuro como a *matéria*.

Só um princípio distinto da matéria poderia tornar-se uma *inteligência* ilimitada nas suas potencialidades e desenvolvê-las, realizando-se como uma *Consciência* ao descobrir sua capacidade de conhecimento, vindo a ser consciente de si e do outro, como deduz Pierre Teillard Chardin em sua obra *O Fenômeno Humano*. Só uma substância inteligente distinta da matéria poderia revolucionar seu estado e transformar um instinto natural em um sentimento transcendente de Amor ao seu Criador e ao seu Próximo como a Si mesmo.

Portanto, aquela dedução de Kardec revela a sua agudez de raciocínio e elevada capacidade filosófica, mostrando encontrar-se não apenas em consonância com a filosofia de Aristóteles e de Kant, mas, igualmente, afinando-se com o ensinamento do Filósofo Paulo de Tarso, cujos conhecimentos lhe permitiram debater com representantes das duas mais destacadas escolas do pensamento grego clássico, os epicuristas e os estoicos na ágora ateniense (At 17.16), racionalmente deduzindo:

*"O que nasce do corpo é corpo,
o que nasce do Espírito é Espírito."*

Vê-se que este princípio deduzido por Paulo encontra-se em plena consonância com aquele outro afirmado por Aristóteles, de que, na busca do conhecimento, "não é possível demonstrar uma coisa passando de um gênero a outro. O gênero tem que ser o mesmo". Ambos os filósofos, Paulo e Kardec, entretanto, assim puderam concluir porque já estavam adequadamente formados pelo elevado pensamento do Filósofo de Nazaré, o qual já havia ensinado, com a questão:

*"Por acaso, colhem-se uvas de espinheiros
ou figos dos cardos?"*

Kardec, como todo verdadeiro filósofo, organizou um sistema explicativo tanto do universo físico quanto moral, com base nas novas leis que lhe foram reveladas pelos Espíritos e pelas experiências com os fenômenos empíricos por eles realizados, esclarecendo as leis e os princípios reguladores tanto da matéria, em estado infinitesimal, quanto as leis morais, antecipando tanto as principais conclusões da moderna física de partículas quanto das relações humanas.

Sua postura absolutamente independente de conceitos preestabelecidos pode ser notada no capítulo introdutório de *O Livro dos Espíritos*, quando, analisando o conceito de *alma*, segundo as diversas acepções que esse termo pode suscitar, ele assim expõe:

> Há outra palavra acerca da qual importa igualmente que todos se entendam, por constituir um dos fechos de abóbada de toda doutrina moral e ser objeto de inúmeras controvérsias, à míngua de uma acepção bem determinada. É a palavra alma. A divergência de opiniões sobre a natureza da alma provém de aplicação particular que cada um dá a esse termo. [...] Sem discutir o mérito de tais opiniões e considerando apenas o lado linguístico da questão, diremos que estas três aplicações do termo alma correspondem a três ideias distintas, que demandariam, para serem expressas, três vocabulários diferentes. [...] Julgamos mais lógico tomá-lo na sua acepção vulgar e por isso chamamos ALMA ao ser imaterial e individual que em nós reside e sobrevive ao corpo. Mesmo quando esse ser não existisse, não passasse de produto da imaginação, ainda assim fora preciso um termo para designá-lo.

Diante, pois, dessa inequívoca demonstração de total ausência de pré-conceito, nenhum crítico honesto poderá acusar de dogmatismo antifilosófico o organizador do trabalho dos Espíritos. Muito ao contrário, suas palavras denotam absoluta responsabilidade e zelo investigativos, ausência total de prevenções de quaisquer ordens, total isenção de ânimo na apuração pura e simples dos fatos espíritas que então se davam, contra os quais não se poderia objetar, pois eram constatados por todos os sentidos de investigadores absolutamente capazes e independentes.

Prosseguindo na sua apresentação daquela obra, Kardec assim pondera:

> Como tudo que constitui novidade, a doutrina espírita conta adeptos e contraditores. Vamos tentar responder a algumas das objeções destes últimos, examinando o valor dos motivos em que se apoiam, sem alimentarmos, todavia, a pretensão de convencer a todos, pois muitos há que creem ter sido a luz feita exclusivamente para eles.

Eu já mencionei, neste mesmo capítulo, o debate estabelecido por Kant diante de algumas deduções do *Empirismo* de David Hume, sendo que qualquer estudante de Filosofia irá constatar que esse é o procedimento mais comum. A história do pensamento filosófico é realizada dessa forma, sempre um "gigante" montado nos ombros de outro para apresentar seu pensamento. Assim foi com Sócrates, famoso por suas críticas cortantes aos *sofistas*, como também a crítica de Aristóteles à filosofia do conhecimento de Platão, quando aquele, contrariando este, entendia haver também conhecimento original no mundo empírico e não apenas no mundo das ideias.

Por isso, ciente desse procedimento autenticamente filosófico, Kardec esclarece:

> Dirigimo-nos aos de boa-fé, aos que não trazem ideias preconcebidas ou decididamente firmadas contra tudo e todos, aos que sinceramente desejam instruir-se e lhes demonstraremos que a maior parte das objeções opostas à doutrina promanam de incompleta observação dos fatos e de juízo leviano e precipitadamente formado.

As palavras acima, contrariamente ao que poderiam pensar os críticos contemporâneos do Espiritismo, não promanam da exposição de um de seus fervorosos adeptos, não! Trata-se da apresentação equilibrada de um dos mais resistentes investigadores dos fenômenos espíritas iniciais que fundaram a Doutrina Espírita. Concedamos-lhe novamente a palavra, que ele mesmo se defenderá:

> Lembremos, antes de tudo, em poucas palavras, a série progressiva dos fenômenos

que deram origem a esta doutrina. O primeiro fato observado foi o da movimentação de objetos diversos. Designaram-no vulgarmente pelo nome de mesas girantes ou dança das mesas. Este fenômeno, que parece ter sido notado primeiramente na América, ou melhor, que se repetiu nesse país, porquanto a História prova que ele remonta à mais alta antiguidade, produziu-se rodeado de circunstâncias estranhas, tais como ruídos insólitos, pancadas sem nenhuma causa ostensiva. Em seguida, propagou-se rapidamente pela Europa e pelas outras partes do mundo. A princípio, quase que só encontrou incredulidade, porém, ao cabo de pouco tempo, a multiplicidade das experiências não mais permitiu lhe pusessem em dúvida a realidade.

Vê-se, pois, que, contrariamente ao que levianamente afirmam os críticos contemporâneos, o Espiritismo não é fruto de um pensamento ingenuamente concebido a partir de aparências fantasmagóricas ou de ideias metafísicas preconcebidas, mas, sim, de um trabalho de análise e de crítica estabelecidos sobre as mais prudentes investigações de fatos da parte de um renomado pedagogo e filósofo. É ele mesmo quem, passo a passo, narra-nos a postura absolutamente filosófica adotada, não negando nem afirmando os fenômenos, mas apenas analisando fatos:

Se tal fenômeno se houvesse limitado ao movimento de objetos materiais, poderia explicar-se por uma causa puramente física. Estamos longe de conhecer todos os agentes ocultos da Natureza, ou todas as propriedades dos que conhecemos: a eletricidade multiplica diariamente os recursos que proporciona ao homem e parece destinada a iluminar a Ciência com uma nova luz. [...] Até aí, como se vê, tudo pode caber no domínio dos fatos puramente físicos e fisiológicos. [...] Acrescentaremos que os fatos se multiplicaram de tal modo que desfrutam hoje do direito de cidadania, não mais se cogitando senão de lhes achar uma explicação racional.

Entretanto, os fatos mudaram e foram os seus próprios autores, os Espíritos, quem promoveram uma virada radical nas investigações, uma mudança absolutamente inédita no paradigma filosófico, desde que Kant negara a possibilidade de investigação do Espírito, fatos esses assim narrados por Kardec:

> Se os fenômenos, com que nos estamos ocupando, houvessem ficado restritos ao movimento dos objetos, teriam permanecido, como dissemos, no domínio das ciências físicas. Assim, entretanto, não sucedeu: estava-lhes reservado colocar-nos na pista de fatos de ordem singular. Acreditaram haver descoberto, não sabemos pela iniciativa de quem, que a impulsão dada aos objetos não

era apenas o resultado de uma força mecânica cega: que havia, nesse movimento, a intervenção de uma causa inteligente. Uma vez aberto, esse caminho conduziu a um campo totalmente novo de observações.

Vê-se que, embora houvesse mudado a natureza dos fatos espíritas que eram produzidos aos olhos de todos, passando de uma ordem exclusivamente física para o campo dos fenômenos da inteligência, em nenhum momento o pesquisador Kardec abandona sua criteriosa postura de investigador, pautado pela metodologia positivista da observação. E, mesmo diante dessa surpreendente guinada, ele em nenhum momento perde sua lucidez filosófica:

> De sobre muitos mistérios se erguia o véu. Haverá, com efeito, no caso, uma potência inteligente? Tal a questão. Se essa potência existe, qual é ela, qual a sua natureza, a sua origem? Encontra-se acima da Humanidade? Eis outras questões que decorrem da anterior.

Em nenhum momento sequer se percebe um laivo de precipitação de Kardec em buscar uma conclusão sobre a causa dos fenômenos, muito ao contrário, sua postura cética, na mais apropriada significação do termo, permanece a mesma:

As primeiras manifestações inteligentes se produziram por meio de mesas que se levantavam e, com um dos pés, davam certo número de pancadas, respondendo desse modo – sim, ou – não, conforme fora convencionado, a uma pergunta feita. Até aí nada de convincente havia para os cépticos, porquanto bem podiam crer que tudo fosse obra do acaso. Obtiveram-se depois respostas mais desenvolvidas com o auxílio das letras do alfabeto: dando o móvel um número de ordem de cada letra, chegava-se a formar palavras e frases que respondiam às questões propostas. A precisão das respostas e a correlação que denotavam com as perguntas causaram espanto. O ser misterioso que assim respondia, interrogado sobra a sua natureza, declarou que era Espírito ou Gênio, declinou um nome e prestou diversas informações a seu respeito. Há aqui uma circunstância muito importante, que se deve assinalar. É que ninguém imaginou os Espíritos como meio de explicar o fenômeno; foi o próprio fenômeno que revelou a palavra. Muitas vezes, em se tratando das ciências exatas, formulam-se hipóteses para dar-se uma base ao raciocínio. Não é aqui o caso.

É sintomática da honestidade do pesquisador a afirmação de que nenhum dos observadores pudera imaginar a autoria daqueles fatos insólitos como sendo produzidos por Espíritos. Lembremos as conclusões de Kant de que a imaginação não opera sem elementos dados pelos órgãos dos sentidos, de modo que, em sendo assim, Kardec não poderia simplesmente imaginar serem aqueles seres inteligentes, os Espíritos, os autores dos fatos inusitados produzidos diante da estupefata sociedade parisiense do século XIX, pois até eles próprios se revelarem, ninguém deles cogitara. Ele, assim, conclui sua exposição:

> Eis, pois, efeitos patentes, que se produzem fora do círculo habitual das nossas observações; que não ocorrem misteriosamente, mas, ao contrário, à luz meridiana, que toda gente pode ver e comprovar; que não constituem privilégio de um único indivíduo e que milhares de pessoas repetem todos os dias. Esses efeitos têm necessariamente uma causa e, do momento que denotam a ação de uma inteligência e de uma vontade, saem do domínio do puramente físico.

Assim, embora eu concorde com o nobre Herculano Pires, o filósofo brasileiro do Espiritismo, que Kardec não desenvolveu um sistema filosófico, a exemplo de Platão, Aristóteles, Descartes e Kant, mesmo porque o sistema Espírita fora apresentado pelos próprios Espíritos, sendo Kardec apenas o seu organizador, fazendo questão de figurar, como ele mesmo modestamente reconhece na citação da *Gênese*, como um "mero trabalhador", no entanto, a elevação e o refinamento de seu entendimento podem ser constatados no princípio por ele cunhado com base no pensamento daqueles maiores filósofos:

"A razão diz que um efeito inteligente há de ter como causa uma força inteligente."

Foi este elevado conteúdo e a forma como foi apresentado que culminaram com o reconhecimento do Espiritismo como um sistema de Filosofia e de Ciência, a ponto de ter lugar no *Novo Dicionário Universal* publicado por Maurice Lachâtre, tal como noticiado por Kardec na *Revista Espírita*, Janeiro de 1866:

> Neste momento, publica-se importante obra que interessa à Doutrina Espírita no mais alto grau, e que só nos é dado fazê-la melhor conhecida pela análise do projeto. "NOVO DICIONÁRIO UNIVERSAL, panteão literário e enciclopédia ilustrada por MAURICE LACHÂTRE, com o concurso de cientistas, artistas e homens de letras, conforme os trabalhos de Allan Kardec, Ampère, Andral, Arago, Audoin, Balbi, Becquerel, Berzelius, Biot, Brongnard, Chateubriand, Cuvier, Flourens, Gay-Lussac, Guizot, Humboldt, Lamartine, Lamennais, Laplace, Mgendie, Michelet, Ch. Nodier, Orfila, Payen, de Sacy, J.B. Say Thier, etc".

Todos os termos especiais do vocabulário espírita se acham nesse vasto repertório, não com uma simples definição, mas com todos os desenvolvimentos que comportam; de sorte que seu conjunto formará um verdadeiro tratado do Espiritismo. Além disso, todas as vezes que uma palavra pode dar lugar a uma dedução filosófica, a ideia espírita é colocada em paralelo, como ponto de comparação.

Em tais condições, o Espiritismo, tendo achado lugar numa obra tão importante e tão popular quanto o Novo Dicionário Universal, tomou assento entre as doutrinas filosóficas e os conhecimentos comuns; seu vocabulário, já aceito pelo uso, recebeu sua consagração, e, de agora em diante, nenhuma obra do mesmo gênero poderá omiti-lo sem ser incompleta.

Não resta, portanto, nenhuma dúvida de que Allan Kardec compreendia o Espiritismo como uma ciência filosófica, e, como tal, com inevitáveis reflexos nas diversas doutrinas religiosas. Todavia, como ele mesmo observa, trata-se, antes de tudo, de uma doutrina completa em seu tríplice fundamento: científico, filosófico e moral. Esta é a apresentação que dele faz Kardec na *Revista Espírita*, maio de 1859, no artigo intitulado *Refutação de Um Artigo de "L'Univers"*:

Melhor observado desde que se popularizou, o Espiritismo vem lançar luz sobre uma porção de problemas até aqui insolúveis ou mal resolvidos. Seu verdadeiro caráter é, pois, o de uma ciência e não o de uma religião. E a prova é que conta como adeptos homens de todas as crenças, os quais, nem por isso, renunciaram às suas convicções: católicos fervorosos, que praticam todos os deveres de seu culto, protestantes de todas as seitas, israelitas, muçulmanos e até budistas e bramanistas. Há de tudo, menos materialistas e ateus, porque estas ideias são incompatíveis com as observações espíritas.

Assim, pois, o Espiritismo se fundamenta em princípios gerais independentes de toda questão dogmática. É verdade que ele tem consequências morais, como todas as ciências filosóficas. Suas consequências são no sentido do cristianismo, porque é este, de todas as doutrinas, a mais esclarecida, da mais pura razão por que, de todas as seitas religiosas do mundo, são as cristãs as mais aptas a compreendê-lo em sua verdadeira essência.

O Espiritismo não é, pois, uma religião. Do contrário, teria seu culto, seus templos, seus ministros. Sem dúvida, cada um pode transformar suas opiniões numa religião, interpretar à vontade as religiões conhecidas; mas daí à constituição de uma nova Igreja há uma grande distância e penso que seria imprudência seguir tal ideia.

Entretanto, aqueles que pensarem ser o Espiritismo contrário à Religião, o próprio Kardec responde na *Revista Espírita*, janeiro de 1862, num artigo intitulado "Resposta à Mensagem de Ano Novo dos Espíritas Lioneses":

Visando desacreditar o Espiritismo, pretendem alguns que ele vá destruir a religião. Sabeis exatamente o contrário, pois a maioria de vós, que apenas acreditáveis em Deus e na alma, agora creem; quem não sabia o que era orar, ora com fervor; quem não mais punha os pés nas igrejas, agora vai com recolhimento. Aliás, se a religião devesse ser destruída pelo Espiritismo, é que ela seria destrutível, e o Espiritismo seria mais poderoso. Dizê-lo seria uma inabilidade, pois seria confessar a fraqueza de uma e a força do outro. O Espiritismo é doutrina moral que fortifica os sentimentos religiosos em geral e se aplica a todas as religiões. É de todas, e não é de nenhuma em particular. Por isso, não diz a ninguém que a troque. Deixa a cada um a liberdade de adorar Deus à sua maneira e de observar as práticas ditadas pela consciência, pois Deus leva mais em conta a intenção do que o fato. Ide, pois, cada um ao templo do vosso culto; e, assim, provareis que vos caluniam, quando vos taxam de impiedade.

Na Antiguidade clássica grega, a Filosofia envolvia também, além da ontologia, ou, a busca pela origem dos seres, conhecimentos científicos e morais, estes últimos sempre vinculados aos ensinos religiosos. Aquela tradição ensina que o filósofo Sócrates foi condenado à morte por uma injusta acusação de impiedade, ou seja, de conservar um comportamento incompatível com as práticas religiosas oficiais do governo ateniense.

Em seu diálogo *Eutífron*, Platão, discípulo de Sócrates, reproduz o ensinamento do velho filósofo acerca do verdadeiro sentimento religioso e, no texto *Apologia de Sócrates*, é exposta a sua prática religiosa. A postura de Kardec, refutando as acusações dos seus adversários de que o Espiritismo visava acabar com a religião, pode ser perfeitamente comparada à postura de Sócrates naqueles dois textos, pois, ao apresentar a doutrina de Jesus como a Moral mais elevada já dada ao conhecimento da humanidade, conforme revelado pelos Espíritos, o filósofo francês evidencia as bases do verdadeiro sentimento religioso defendido pelo Espiritismo.

A força da filosofia Espírita foi destacada pelo seu organizador no capítulo de *Conclusão* de *O Livro dos Espíritos:*

> O Espiritismo progrediu principalmente depois que foi sendo mais bem compreendido na sua essência íntima, depois que lhe perceberam o alcance, porque tange a corda mais sensível do homem: a da sua felicidade, mesmo neste mundo. Aí a causa da sua pro-

pagação, o segredo da força que o fará triunfar. Enquanto a sua influência não atinge as massas, ele vai felicitando os que o compreendem. Mesmo os que nenhum fenômeno têm testemunhado, dizem: à parte esses fenômenos, há a filosofia, que me explica o que NENHUMA OUTRA me havia explicado. Nela encontro, por meio unicamente do raciocínio, uma solução racional para os problemas que no mais alto grau interessam ao meu futuro. Ela me dá calma, firmeza, confiança: livra-me do tormento da incerteza. Ao lado de tudo isto, secundária se torna a questão dos fatos materiais.

Não se pode, pois, contestar que o trabalho desenvolvido por Allan Kardec se insira no vasto campo dos sistemas filosóficos racionalistas; que as investigações por ele conduzidas e organizadas, na forma das obras básicas do Espiritismo, contêm todos os princípios e as leis capazes de justificá-lo, não apenas como uma ciência filosófica que demonstra a existência e a natureza do Espírito, mas, igualmente, como uma doutrina moral assente sobre a mais sólida e elevada base a que a humanidade já teve conhecimento, a filosofia prática do seu autor, o Mestre Jesus, reproduzida fiel e integralmente pelo filósofo Allan Kardec.

Capítulo 5

O PESQUISADOR DO ESPÍRITO

AS FORMAS MODERNAS de se buscar pelo conhecimento no Ocidente foram muito influenciadas pela filosofia de René Descartes, especialmente pelo seu livro *Discurso Sobre o Método*, considerado um marco na história da filosofia e das ciências. Com esta obra, surgiria pela primeira vez uma tentativa metódica de se separar o saber da fé daquele produzido "exclusivamente" pela razão, numa tentativa de insurgência contra a filosofia escolástica medieval, especialmente a de Tomás de Aquino, dotada, então, de enorme poder, por ser vinculada à doutrina oficial da Igreja.

Aquela postura cartesiana é agasalhada pela modernidade iluminista, e as ciências são inauguradas na Europa, não, contudo, sem o enfrentamento da violenta resistência imposta pelo dogmatismo imperialista da Igreja. A postura filosófica de se alcançar o conhecimento como fruto exclusivo da Razão sobreviveu com muita luta e sacrifícios pessoais, tais como os de Giordano Bruno, queimado em praça pública por defender o heliocentrismo.

A Idade Moderna marcou, portanto, de maneira pioneira, as primeiras tentativas, que se mostraram eficientes na contemporaneidade, de separação entre filosofia e religião, estabelecendo-se, segundo Gilles Gaston Granger, em seu livro *A Ciência e as Ciências*, um sentido moderno das ciências da natureza, desde Galileu, Descartes e Newton. Essa postura filosófico-científica é conhecida como epistemologia, ou, a filosofia da Ciência.

Contudo, neste percurso necessário de independência do pensamento ocidental, por abusos da soberba vaidade de alguns pensadores a partir do século XX, perdeu-se o Espírito. A excelência do Espiritismo como Filosofia e Ciência se revela na postura assumida pelo seu organizador, Allan Kardec, o qual, enfrentando a ditadura despótica das academias de ciências do seu tempo, a maioria delas sustentada ainda pelo dinheiro da Igreja, pleiteava a plena liberdade para o pensamento e, com seus inequívocos recursos filosóficos e científicos, superou todos os seus contraditores com os mais ponderados e fundamentados argumentos e com sua postura absolutamente antidogmática.

Embora fosse também um cético com relação

aos fenômenos espíritas, pois, diante da ausência de fatos, nem afirmava, nem tampouco negava os fenômenos ou suas origens, no entanto, evidenciando sua postura de quem busca exclusivamente a Verdade e demonstrando sua sagacidade em antecipar críticas sem fundamentos, tais como as de Richard Dawkins, um ativista ateu contemporâneo, em seu livro *Deus, Um Delírio*, como verdadeiro Filósofo, Kardec, na qualidade de organizador dos trabalhos dos Espíritos, revela a Ética da Ciência Espírita na sua obra *A Gênese*, Capítulo I:

> 14. Como meio de elaboração, o Espiritismo procede exatamente da mesma forma que as ciências positivas, aplicando o método experimental. Fatos novos se apresentam, que não podem ser explicados pelas leis conhecidas; o Espiritismo os observa, compara, analisa e, remontando dos efeitos às causas, chega à lei que os rege; depois, deduz-lhes as consequências e busca as aplicações úteis.

> 55. O Espiritismo, pois, estabelece como princípio absoluto somente o que se acha evidentemente demonstrado, ou o que ressalta logicamente da observação.

> Caminhando de par com o progresso, o Espiritismo jamais será ultrapassado, porque, se novas descobertas lhe demonstrassem estar em erro acerca de um ponto qualquer, ele se modificaria nesse ponto. Se uma verdade nova se revelar, ele a aceitará.

Nota de Allan Kardec: Diante de declarações tão nítidas e tão categóricas, quais as que se contêm neste capítulo, caem por terra todas as alegações de tendências ao absolutismo e à autocracia dos princípios, bem como todas as falsas assimilações que algumas pessoas prevenidas ou mal informadas emprestam à Doutrina. Não são novas, aliás, estas declarações; temo-las repetido muitíssimas vezes nos nossos escritos, para que nenhuma dúvida persista a tal respeito. Elas, ao demais, assinalam o verdadeiro papel que nos cabe, único que ambicionamos: o de mero trabalhador.

Atualmente, já se apresentam alguns críticos do despotismo acadêmico na adoção da metodologia científica, pois, de acordo com Paul Feyerabend em seu livro *Contra o Método*, o próprio Albert Einstein defendia uma postura científica mais independente:

"As condições externas", escreve Einstein, "que são colocadas para o cientista pelos fatos da experiência não lhe permitem deixar-se restringir em demasia, na construção do seu mundo conceitual, pelo apego a um sistema epistemológico. Portanto, ele deve afigurar-se ao epistemólogo sistemático como um tipo de oportunista inescrupuloso." Um meio complexo, contendo desenvolvimentos surpreendentes e imprevistos, demanda procedimentos complexos e desafia uma análise baseada em regras que tenham sido estabelecidas de antemão e sem levar em consideração as condições sempre cambiantes da história.

Este entendimento de que as condições da pesquisa devem conter uma certa margem de flexibilidade metodológica decorre necessariamente das próprias condições apresentadas pelos objetos investigados. Como seria possível estabelecer-se rígidas regras e imutáveis procedimentos na investigação de um objeto dotado de liberdade, tal como se dá com os fatos produzidos por uma Inteligência como os Espíritos? As próprias pesquisas com elétrons livres, objetos da contemporânea física quântica, evidenciam a necessidade de uma postura muita criatividade, além de flexibilidade metodológica, para que se consiga apreender algo sobre os fenômenos do seu campo de pesquisa.

A neurociência, por sua vez, na investigação da relação de determinadas lesões cerebrais com o comportamento de certos indivíduos, foi obrigada a cunhar um termo para acompanhar a singularidade personalíssima de alguns resultados das pesquisas, alguns casos mostram que, apesar de portadores de lesões idênticas, os indivíduos não apresentam, de modo uniforme, idênticas consequências comportamentais. Dessas observações, surgiu o princípio da "plasticidade cerebral", a mostrar que, embora a causa seja a mesma, uma idêntica lesão cortical, diferentes indivíduos apresentam, muitas vezes, comportamentos significativamente diferentes.

Embora os neurocientistas materialistas atribuam como causa para esse fenômeno a enorme e imprevisível criatividade do cérebro, a qual, impulsionada pela história de vida dos diferentes indivíduos, permite-lhes criar novas pontes neurais em substituição daquelas originais lesadas, fazendo com que alguns recuperem, total ou parcialmente, as antigas funções, enquanto outros não, essa conclusão deveria ter sido melhor discutida, pois, antes de validar a tese materialista que a suporta, como pretende a maioria dos neurocientistas, na verdade, a "plasticidade cerebral", sob a perspectiva do Espiritismo, mostra exatamente o contrário, ou seja, quem controla o cérebro é o Espírito, através da força da vontade individualmente desenvolvida nos evos de sua história evolutiva como Inteligência independente da matéria.

Essa possibilidade de se encarar um mesmo fato sob perspectivas absolutamente contrárias na investigação da sua causa, decorre, de acordo ainda com Feyerabend, do fato de que as pesquisas não contam nunca com a total isenção de ânimo da parte do cientista:

> Ora, é evidentemente possível simplificar o meio em que um cientista trabalha pela simplificação de seus atores principais.

A história da ciência, afinal de contas, não consiste simplesmente em fatos e conclusões extraídas de fatos. Também contém ideias, interpretações de fatos, problemas criados por interpretações conflitantes, erros e assim por diante. Em uma análise mais detalhada, até mesmo descobrimos que a ciência não conhece, de modo algum, "fatos nus", mas que todos os "fatos" de que tomamos conhecimento já são vistos de certo modo e são, portanto, essencialmente ideacionais. Se é assim, a história da ciência será tão complexa, caótica, repleta de enganos e interessante quanto as ideias que encerra, e essas ideias serão tão complexas, caóticas, repletas de enganos e interessantes quanto a mente daqueles que as inventaram.

Vê-se que o Espiritismo desenvolvido por Allan Kardec não pode, em absoluto, figurar entre as ciências criadas a partir de ideais e posturas preestabelecidas de acordo com o pensamento materialista ou espiritualista de seu fundador. Kardec deixa claro que se prendeu exclusivamente à observação dos fatos e seguiu a direção investigativa que estes indicaram. Quando os fenômenos se restringiam a manifestações físicas, tratou-os como eventos físicos, tentando desvendá-los a partir das leis físicas então conhecidas.

Contudo, uma vez que os fatos em si eram incontestes e mostravam um aspecto que não podia ser explicado pelas leis da física newtoniana, pois, além de efeitos físicos, passaram a revelar também conteúdos de inteligência, como verdadeiro cientista Kardec buscou pela comprovação da existência de uma causa inteligente como fonte dos mesmos. Essa postura de total independência lhe permitiu descobrir não apenas as leis reguladoras da matéria em estado fluídico, e, com isso, antecipar, em um século, as pesquisas atuais da física quântica, como também as leis morais que determinam as relações entre os Homens e os Espíritos, abrindo um campo absolutamente inédito para a Filosofia e as Ciências Humanas.

Não se pode, portanto, incluir o Espiritismo na categoria das religiões dogmáticas como levianamente o fazem seus detratores, pseudofilósofos e pseudocientistas, invalidando, portanto, suas opiniões a respeito dele. É o próprio Kardec quem ainda as refuta em *A Gênese*, ao esclarecer que o Espiritismo:

> 14. Não estabeleceu nenhuma teoria preconcebida; assim, não apresentou como hipóteses a existência e a intervenção dos Espíritos, nem o perispírito, nem a reencarnação, nem qualquer dos princípios da Doutrina; concluiu pela existência dos Espíritos, quando essa existência ressaltou evidente pela observação dos fatos, procedendo de igual maneira quanto aos outros princípios.

Não foram os fatos que vieram a posteriori confirmar a teoria: a teoria é que veio subsequentemente explicar e resumir os fatos. É, pois, rigorosamente exato dizer-se que o Espiritismo é uma ciência de observação e não produto da imaginação.

Outrossim, superando até mesmo as limitações apresentadas pela filosofia crítica de Kant, Kardec estabeleceu novos critérios epistemológicos para uma investigação metafísica, fundando uma verdadeira Filosofia e Ciência do Espírito, assim expondo suas bases fundamentais:

14. As ciências só fizeram progressos importantes depois que seus estudos se basearam sobre o método experimental; até então, acreditou-se que esse método também só era aplicável à matéria, ao passo que o é também às coisas metafísicas.

16. Assim como a Ciência propriamente dita tem por objeto o estudo das leis do princípio material, o objeto especial do Espiritismo é o conhecimento das leis do princípio espiritual. Ora, como este último princípio é uma das forças da natureza, a reagir incessantemente sobre o princípio material e reciprocamente, segue-se que o conhecimento de um não pode estar completo sem o conhecimento do outro. O Espiritismo e a Ciência se completam reciprocamente; a Ciência, sem o Espiritismo, acha-se na impossibilidade de

explicar certos fenômenos só pelas leis da matéria; ao Espiritismo, sem a Ciência, faltariam apoio e comprovação. O estudo das leis da matéria tinha que preceder o da espiritualidade, porque a matéria é que primeiro fere os sentidos. Se o Espiritismo tivesse vindo antes das descobertas científicas, teria abortado, como tudo quanto surge antes do tempo.

Em *O Livro dos Espíritos*, ainda na *Introdução*, Kardec debate as concepções e posturas dos chamados homens de ciência, deixando claro o seu procedimento:

> Desde que a Ciência sai da observação material dos fatos, em se tratando de os apreciar e explicar, o campo está aberto a conjeturas. [...] Os fatos, eis o verdadeiro critério dos nossos juízos, o argumento sem réplica. Na ausência dos fatos, a dúvida se justifica no homem ponderado.

> Com relação às coisas notórias, a opinião dos sábios é, com toda razão, fidedigna. Mas, no tocante a princípios novos, a coisas desconhecidas, essa opinião quase nunca é mais do que hipotética, por isso que eles não se acham, menos que os outros, sujeitos a preconceitos. Direi mesmo que o sábio tem mais prejuízos que qualquer outro, porque uma propensão natural o leva a subordinar tudo ao ponto de vista donde mais aprofundou os seus conhecimentos.

Este é, sem dúvidas, o grande problema contemporâneo para a investigação do ser Humano, a saber, a especialização do conhecimento em recortes cada vez menores, tanto nas filosofias quanto nas ciências. Não se busca mais por uma prática de Filosofia nas universidades, mas, tão somente, o estudo especializado e pontual de trechos de algumas obras dos autores famosos na História da Filosofia. As ciências médicas e biológicas praticam a mesma forma de ensino, subdividido em especialidades.

Kardec já havia detectado essa limitação das ciências e filosofias do seu tempo para elaborarem uma crítica ao Espiritismo, destacando:

> Aquele que se fez especialista prende todas as suas ideias à especialidade que adotou. Tirai-o daí e o vereis quase sempre desarrazoar, por querer submeter tudo ao mesmo cadinho: consequência da fraqueza humana. [...] Hão eles, porém, de permitir-me, sem que isto afete a estima a que lhes dá direito o seu saber especial, que eu não tenha em melhor conta suas opiniões negativas acerca do Espiritismo, do que o parecer de um arquiteto sobre uma questão de música.

Paul Feyerabend, ainda em seu livro *Contra o Método*, a respeito do desenvolvimento da Ciência no Ocidente, destaca:

É verdade que a ciência ocidental agora reina suprema por todo o globo; contudo, a razão disso não foi um discernimento de sua "racionalidade inerente", mas o uso de poder (as nações colonizadoras impuseram seus modos de vida) e a necessidade de armamento: a ciência ocidental, até agora, criou os mais eficientes instrumentos de extermínio. O argumento de que, sem a ciência ocidental, muitas "nações do Terceiro Mundo" estariam morrendo de fome é correto, mas dever-se-ia acrescentar que os problemas foram criados, e não mitigados, por formas anteriores de "desenvolvimento". Também é verdade que a medicina ocidental ajudou a erradicar parasitas e algumas doenças infecciosas, mas isso não demonstra que a ciência ocidental seja a única tradição que tem boas coisas a oferecer e que outras formas de investigação não tenham mérito algum. A ciência do Primeiro Mundo é uma ciência entre muitas outras; ao proclamar ser mais do que isso, ela deixa de ser um instrumento de pesquisa e transforma-se em um grupo de pressão (política).

O filósofo das ciências Allan Kardec já ponderava neste mesmo sentido de Paul Feyerabend há 160 anos, na *Introdução* de *O Livro dos Espíritos:*

É verdade que as ciências ordinárias assentam nas propriedades da matéria, que se pode experimentar e manipular livremente; os fenômenos espíritas repousam na ação de inteligências dotadas de vontade própria e que nos provam a cada instante não se acharem subordinadas aos nossos caprichos. As observações não podem, portanto, ser feitas da mesma forma; requerem condições especiais e outro ponto de partida. Querer submetê-las aos processos comuns de investigação é estabelecer analogias que não existem. A Ciência, propriamente dita, é, pois, como ciência, incompetente para se pronunciar na questão do Espiritismo; não tem que se ocupar com isso e qualquer que seja o seu julgamento, favorável ou não, nenhum peso poderá ter.

Os contraditores contemporâneos do Espiritismo, simplesmente porque não formados com uma visão filosófica mais ampla, esquecem-se desses detalhes apontados por Kardec, tão importantes para uma epistemologia eficiente e, inclusive, para uma crítica honesta e válida a ser ainda elaborada contra o Espiritismo. Esta advertência recebeu, agora, mais de um século e meio depois, o mesmo alerta de Gilles Gaston Granger, o famoso filósofo da ciência, sobre a necessária especialidade do crítico para tecer sua análise sobre o objeto investigado, se não desejar incorrer em leviandade. Assim, sem o conhecimento profundo do Espiritismo, por mais renomado seja o filósofo ou cientista, ele é, de acordo com Granger, incompetente para a sua apreciação.

É esta mesma ponderação que vemos naquele capítulo introdutório da primeira obra do Espiritismo:

> O Espiritismo é o resultado de uma convicção pessoal, que os sábios, como indivíduos, podem adquirir, abstração feita da qualidade de sábios. Pretender deferir a questão à Ciência equivaleria a querer que a existência ou não da alma fosse decidida por uma assembleia de físicos ou de astrônomos. Com efeito, o Espiritismo está todo na existência da alma e no seu estado depois da morte. Ora, é soberanamente ilógico imaginar-se que um homem deva ser grande psicologista porque é eminente matemático ou notável anatomista. [...] Não. Vedes, portanto, que o Espiritismo não é da alçada da Ciência.

É, no mínimo, interessante que um outro ilustre representante de uma doutrina filosófica e religiosa, o Dalai Lama, líder máximo do Budismo Tibetano, o qual, assim como Kardec o foi, é atualmente um dos maiores entusiastas das pesquisas científicas, tanto que fundou o *Mind and Life Institute* para promover e incentivar, entre outras, pesquisas neurocientíficas dos efeitos da prática da meditação sobre as funções cerebrais; bem-humorado, como sempre, diz que a reencarnação é um conhecimento milenar no seio do Budismo, de modo que, não compete a ele demonstrar essa realidade do Espírito humano, mas, sim, compete aos cientistas que a contestam comprovarem que a reencarnação não existe.

É neste mesmo sentido a ponderação de Kardec:

> Quando surge um fato novo, que não guarda relação com alguma ciência conhecida, o sábio, para estudá-lo, tem que abstrair da sua ciência e dizer a si mesmo que o que se oferece constitui um estudo novo, impossível de ser feito com ideias preconcebidas.
>
> O homem que julga infalível a sua razão está bem perto do erro. Mesmo aqueles cujas ideias são as mais falsas se apoiam na sua própria razão e é por isso que rejeitam tudo o que lhes parece impossível. Os que outrora repeliram as admiráveis descobertas de que a Humanidade se honra, todos endereçavam seus apelos a esse juiz, para repeli-las. O que se chama razão não é, muitas vezes, senão orgulho disfarçado e quem quer que se considere infalível apresenta-se como igual a Deus.

Ao descobrir as leis e os princípios que regulam a Vida no mundo espiritual, assim como as relações constantes dos Espíritos com os Homens, o Espiritismo estabelece um novo paradigma para o estudo da Filosofia e das religiões. Em sua obra *A Vida Divina*, Sri Aurobindo, analisando a realidade do perispírito, o corpo sutil da tradição indiana, e dos seus órgãos, respectivamente *sûkshma deha e sûkshma indrya*, pondera:

> É verdade que as percepções das realidades suprafísicas obtidas pelas pesquisas metódicas são imperfeitas e ainda mal asseguradas, pois os métodos empregados se mostram rudimentares e imperfeitos. Mas se verificou, em todo caso, que estes sentidos sutis redescobertos são verdadeiras testemunhas de fatos físicos que se encontram fora do campo dos órgãos corporais. Nada nos autoriza, pois, rejeitá-los com desprezo como falsos testemunhos, pois eles atestam fenômenos suprafísicos que se encontram além do campo da organização material e da consciência.

Portanto, embora ainda desconhecido na Índia como uma doutrina, o Espiritismo muito contribuirá para o futuro esclarecimento da prática mediúnica realizada segundo aquela tradição, ao mesmo tempo em que traz para o Ocidente esses conhecimentos antigos do Oriente, tais como a reencarnação e a realidade da vida dos Espíritos em constante contato de pensamentos e sentimentos com os Homens, organizando, de maneira absolutamente inédita, genuína e completa, tanto os mecanismos das comunicações espirituais quanto a mais eficiente metodologia para a investigação criteriosa dos fenômenos espíritas.

Todo o trabalho de Allan Kardec, os princípios e as leis, como informam as comunicações espirituais, o roteiro passo a passo para se guiar nessas experiências foram registrados em *O Livro dos Médiuns*, resultando na mais completa obra prática para investigação de fenômenos transcendentes, a qual apresenta as condições fundamentais para a reprodução eficiente das experiências com os Espíritos, atendendo, portanto, por seu caráter filosófico, metodológico e científico, tanto a necessidade da filosofia e da ciência transcendente indiana quanto das ciências psicológico-filosóficas ocidentais.

Os critérios estabelecidos por Kardec na segunda obra do Espiritismo, *O Livro dos Médiuns*, atendem integralmente as exigências apresentadas por aquele filósofo indiano, Sri Aurobindo, quando ele expõe:

> Seus testemunhos, como todo testemunho, mesmo aqueles dos sentidos físicos, devem ser controlados, analisados e classificados pela razão, corretamente traduzidos e religados uns aos outros, e seu campo, suas leis e seus procedimentos, bem determinados. Assim, a verdade do grande domínio da experiência, onde os objetos existem como uma substância mais sutil que aquela da matéria física grosseira, pode pretender, ao final da análise, a mesma validação daquela dos objetos materiais.

Vê-se que as exigências de Aurobindo para o estabelecimento de uma ciência do Espírito se coadunam com aquelas de Kardec, as quais já haviam sido anteriormente formuladas por Kant na sua *Crítica da Razão Pura*, quando, ainda em meados do século XVIII, o filósofo alemão demonstrou a necessidade de se estabelecer a perfeita relação entre os conceitos do entendimento e os objetos dos sentidos para que o conhecimento seja completo:

> Sem a sensibilidade [órgãos sensoriais], nenhum objecto nos seria dado; sem o entendimento, nenhum seria pensado. Pensamentos sem conteúdo são vazios; intuições sem conceitos são cegas. Pelo que é tão necessário tornar sensíveis os conceitos (isto é, acrescentar-lhes o objecto na intuição) como tornar compreensíveis as intuições.

Segundo as deduções do filósofo alemão em seu texto *Sonhos de Um Vidente Explicados Por Sonhos da Metafísica*, quando ele criticava o trabalho do médium Emmanuel Swedenborg:

> As questões da natureza espiritual, da liberdade e predeterminação, do estado futuro, etc., põem em movimento, inicialmente, todas as forças do entendimento e, devido a sua excelência, arrastam o homem para a emulação da especulação, a qual indistintamente raciocina e decide, ensina ou refuta, como sempre acontece com o conhecimento

aparente. Quando essa investigação, no entanto, resulta em filosofia que julga sobre seu próprio procedimento e conhece não só os objetos, mas ainda sua relação com o entendimento do homem, então os limites são estreitados e são colocados os marcos que nunca mais deixarão a pesquisa extrapolar sua esfera própria. Devemos, pois, esperar até que, talvez no mundo futuro, graças a novas experiências e novos conceitos, sejamos instruídos a respeito das forças em nosso eu pensante, por enquanto ocultas a nós. Mas, se certas pretensas experiências não se deixam reduzir a nenhuma lei da sensação, sobre a qual a maioria dos homens estaria de acordo, mostrando, portanto, apenas um desregramento nos testemunhos dos sentidos (como é de fato o caso com as histórias que circulam sobre Espíritos), então é aconselhável simplesmente interrompê-las, porque a falta de concordância e de uniformidade retira, então, do conhecimento histórico toda a força demonstrativa e o torna imprestável para servir como fundamento de uma lei qualquer da experiência, sobre a qual o entendimento pudesse julgar.

Kant apresenta as exigências básicas para o estabelecimento de uma verdadeira ciência do Espírito, ou, pelo menos, para que se possa apreender, por meio da experiência, os fenômenos realizados por essa força imaterial, tanto no mundo físico quanto, principalmente, no sentido interno dos

Homens. Suas expectativas para a criação de uma tal ciência era, então, de ceticismo:

> Ademais, a razão humana não é suficientemente alada para que pudesse compartilhar nuvens tão elevadas, que subtraem a nossos olhos os segredos do outro mundo, e aos curiosos que dele pedem informação com tanta insistência pode-se dar a notícia simplista, mas muito natural, que o mais sensato é decerto ter paciência até chegar lá. Como, no entanto, nosso destino no mundo futuro supostamente pode depender muito do modo como ocupamos nosso posto no mundo presente, concluo com aquilo que Voltaire deixa seu honrado Cândido dizer a título de conclusão depois de tantas querelas escolásticas inúteis: ocupemo-nos de nossa sorte, vamos ao jardim e trabalhemos!

Esta era a postura filosófica dominante no tempo de Kardec, ou seja, a absoluta negação da possibilidade de se investigar criteriosa e cientificamente os fenômenos Espíritas. Aliás, como ele destaca na *Introdução* de *O Livro dos Médiuns*, duvidava-se da própria existência de Espíritos. Por isso, o fundador do Espiritismo relutou tanto em aceitar o convite para realizar pesquisas com os fenômenos das *mesas girantes*. No entanto, apesar de ser considerado por Camille Flammarion o *bom senso encarnado*, surpreendido com as manifestações inteligentes que se encontravam por trás daquelas experiências físicas, abandonou o prudente e muito natural ceticismo e aceitou o desafio da investigação.

Esta sua postura de verdadeiro filósofo, ou seja, que não nega sistematicamente, nem afirma dogmaticamente, resultou na organização da única Ciência Filosófica do Espírito, como ele esclarece em *A Gênese:*

18. A Ciência moderna refutou os quatro elementos primitivos dos antigos [fogo, água, terra e ar] e, de observação em observação, chegou à concepção de um só elemento gerador de todas as transformações da matéria [fluido cósmico universal]; mas a matéria, por si só, é inerte; carecendo de vida, de pensamento, de sentimento, precisa estar unida ao princípio espiritual. O Espiritismo não descobriu nem inventou este princípio, mas foi o primeiro a demonstrá-lo por provas inconcussas; estudou-o, analisou-o e tornou-lhe evidente a ação. Ao elemento material, juntou ele o elemento espiritual. Elemento material e elemento espiritual, esses os dois princípios, as duas forças vivas da natureza. Pela união indissolúvel deles, facilmente se explica uma multidão de fatos até então inexplicáveis.

Portanto, estavam estabelecidas as bases para elaboração da mais avançada e inédita modalidade da Ciência, a qual, superando as barreiras epistemológicas apresentadas por Kant, inaugurava a Ciência do Espírito. É um fato que o Espiritismo em nenhum momento revelou a substância da qual são constituídos os Espíritos como coisas em si mesmos, sua essência, pois seus autores patentearam as deficiências conceituais e gramaticais dos Espíritos encarnados na Terra para esse conhecimento. No entanto, todas as leis e princípios que informam e regulam suas atividades físicas e intelectuais no mundo foram registradas em *O Livro dos Espíritos*, obra essa que contém toda a Filosofia e a Ciência Espírita.

Na *Introdução* daquela obra, após a apresentação de um resumo de todos os pontos principais da doutrina, Kardec, atestando o seu caráter de honesto pesquisador, pondera:

> Para muita gente, a oposição das corporações científicas constitui, senão uma prova, pelo menos forte presunção contra o que quer que seja. Não somos dos que se insurgem contra os sábios, pois não queremos dar azo a que de nós digam que escouceamos. Temo-los, ao contrário, em grande apreço e muito honrados nos julgaríamos se fôssemos contados entre eles. Suas opiniões, porém, não podem representar, em todas as circunstâncias, uma sentença irrevogável.

Esta ponderação de Kardec se mostra hoje ainda mais importante que no seu tempo, pois o fenômeno das comunicações midiáticas instantâneas colocou ao alcance de todos não apenas o conteúdo das obras e das pesquisas espíritas, mas, igualmente, as opiniões dos seus adeptos e contraditores. A falta de critério, entretanto, de ambos os lados, na defesa de seus pontos de vista, choca as visões mais abalizadas daqueles que atentam para essas advertências do organizador do Espiritismo:

Acrescentamos que o estudo de uma doutrina, qual a Doutrina Espírita, que nos lança de súbito numa ordem de coisas tão nova quão grande, só pode ser feito com utilidade por homens sérios, perseverantes, livres de prevenções e animados de firme e sincera vontade de chegar a um resultado. Não sabemos como dar esses qualificativos aos que julgam a priori, levianamente, sem tudo ter visto; que não imprimem a seus estudos a continuidade, a regularidade e o recolhimento indispensáveis. [...] Abstenham-se, portanto, os que entendem não serem dignos de sua atenção os fatos. Ninguém pensa em lhes violentar a crença; concordem, pois, em respeitar a dos outros.

Qualquer investigação prática junto com os Espíritos deve ser precedida de um estudo sério e realizada de modo contínuo e regular, pacientemente, pois não se deve esquecer tratar-se de pesquisas com um objeto dotado de vontade livre. Assim, como insiste Kardec, além de todo o conhecimento teórico das leis e princípios que informam o fenômeno, o pesquisador deve atender uma condição indispensável para sua eficiência, que é respeito e o recolhimento, pois as comunicações dão-se fundamentalmente no nível dos pensamentos, somente depois se convertendo em manifestações físicas.

Raros são, entretanto, os adeptos e, menos ainda, os adversários que estejam dispostos a atenderem a essas condições, por isso, tanto a maioria dos interessados se frustra com os parcos resultados que obtém na busca por se comunicarem com os Espíritos, quanto os adversários, os quais, além disso, também por desconhecerem os princípios e leis que informam essas relações, só lançam críticas infundadas e, pois, levianas ao Espiritismo.

Tais empecilhos teriam sido evitados se atentassem para as graves orientações de Kardec apostas naquele que é apenas um capítulo introdutório e, não obstante, o mais importante tratado de epistemologia transcendental:

> O que caracteriza um estudo sério é a continuidade que se lhe dá. [...] Demais, sucede frequentemente que, por complexa, uma questão, para ser elucidada, exige a solução de outras preliminares ou complementares. Quem deseje tornar-se versado numa ciência tem que a estudar metodicamente, começando pelo princípio e acompanhando todo o en-

cadeamento e o desenvolvimento das ideias. [...] O mesmo ocorre em nossas relações com os Espíritos. Quem quiser com eles instruir--se tem que com eles fazer um curso; mas, exatamente como se procede entre nós, deverá escolher professores e trabalhar com assiduidade.

Ora, como já observara anteriormente, Kardec constatou que os Espíritos são Homens livres e, como tal, a exemplo dos próprios encarnados, não se submetem à vontade alheia, tampouco de pesquisadores vaidosos, como se submete uma colônia de bactérias em um laboratório. Aliás, mesmo essas, com frequência insurgem-se contra a direção que se lhes tenta impor nos experimentos, apresentando resultados muito diversos dos inicialmente teorizados. Tal se deu com Alexander Flemming na pesquisa com fungos que resultou na descoberta, "por acaso", da penicilina. Os espíritas sabem que o acaso não existe, e que esses missionários encarnados têm o seu trabalho corrigido pelos bons Espíritos que lhes intuem e orientam.

Com a pesquisa de Kardec junto dos Espíritos não ocorre o contrário, pois estes sempre evidenciam sua plena liberdade, tanto os bons quanto os ignorantes:

> Dissemos que os Espíritos superiores somente às sessões sérias acorrem, sobre-

tudo às em que reina perfeita comunhão de pensamentos e de sentimentos para o bem. A leviandade e as questões ociosas os afastam, como, entre os homens, afastam as pessoas criteriosas; o campo fica, então, livre à turba dos Espíritos mentirosos e frívolos, sempre à espreita de ocasiões propícias para zombarem de nós e se divertirem à nossa custa.

No decorrer de todo *O Livro dos Médiuns,* Kardec repete essas informações sobre as experiências com os Espíritos, recebendo dele especial destaque a condição de recolhimento que deve ser atendida pelos experimentadores, principalmente porque Espíritos sérios só acorrem onde reina a sincera busca pela Verdade. No entanto, muitos adeptos do Espiritismo que buscam realizar tais experiências ainda se frustram por não haverem compreendido claramente o que caracteriza esse estado de alma, o recolhimento, e não conseguem, assim, atender à essa condição básica.

O silêncio e o recolhimento são condições essenciais para todas as comunicações sérias. Nunca obtereis preencham essas condições os que somente pela curiosidade sejam conduzidos às vossas reuniões. Convidai, pois, os curiosos a procurar outros lugares, por isso que a distração deles constituiria uma causa de perturbação. A prece e o recolhimento são condições essenciais; é por isso que se pode considerar impossível a obtenção de coisa alguma numa reunião de pessoas pouco sérias, ou não animadas de sentimentos de simpatia e benevolência.

204. Coisas ainda mais importantes a serem observadas, do que o modo da evocação, são a calma e o recolhimento, juntos ao desejo ardente e à firme vontade de conseguir-se o intuito. Por vontade, não entendemos aqui uma vontade efêmera, que age com intermitências e que outras preocupações interrompem a cada momento; mas uma vontade séria, perseverante, contínua, sem impaciência, sem ansiedade. A solidão, o silêncio e o afastamento de tudo o que possa ser causa de distração favorecem o recolhimento.

Alcançar um semelhante estado de alma, tanto pelos eventuais pesquisadores esporádicos quanto, principalmente, pelos adeptos e praticantes do Espiritismo experimental nas reuniões mediúnicas, não é fácil, pois muitos ainda se equivocam quanto ao que seja, de fato, um estado de recolhimento. Se as tradições orientais, especialmente o Hinduísmo e o Budismo, já desenvolveram técnicas milenares para obtenção de um estado mais elevado de Consciência, que facilitaria o intercâmbio de pensamentos entre os Homens e os Espíritos desencarnados, através da prática da meditação, no entanto, essa condição essencial destacada por Kardec é ainda desdenhada nos meios Espíritas.

Não obstante, se atentarmos para a dissertação de um Espírito publicada por Kardec na *Revista Espírita*, ano 1868, intitulado *O Verdadeiro Recolhimento*, veremos que:

> O que chamais vos recolherdes durante a leitura de vossas belas preces, é observar um silêncio que ninguém perturba; mas se os vossos lábios não se mexem, se o vosso corpo está imóvel, vosso Espírito vagueia e deixa de lado as sublimes palavras que deveríeis pronunciar do mais profundo do vosso coração, a elas vos assimilando pelo pensamento. Vossa matéria observa o silêncio; certamente, dizer o contrário seria vos injuriar, mas o vosso Espírito tagarela não o observa e perturba, neste instante, por vossos pensamentos diversos, o recolhimento dos Espíritos que vos rodeiam.

Longe, portanto, encontram-se, tanto a maioria dos adeptos e praticantes do Espiritismo quanto, principalmente, os adversários investigadores de seus fundamentos e das práticas mediúnicas, de atenderem a esta condição essencial para a obtenção de bons resultados em suas experiências. Alcançar um estado de verdadeiro recolhimento não faz parte das práticas e dos exercícios cotidianos das pessoas comuns no Ocidente, embora seja um hábito milenar das filosofias e religiões orientais.

Com o propósito de mostrar a antiguidade do

Espiritismo, o cientista e escritor francês Paul Gibier já havia destacado a perfeita identidade das práticas mediúnicas segundo a orientação do Espiritismo e aquela dos yoguis indianos, em seu livro aqui já referido, *O Espiritismo – faquirismo ocidental:*

A Doutrina Espírita moderna, que pouco variou em suas crenças da primeira hora, acha-se quase completamente de acordo com a religião esotérica atual dos brâmanes. Ora, esta já era ensinada aos iniciados dos graus inferiores nos templos do Himalaia, há talvez mais de cem mil anos! A semelhança é pelo menos curiosa, e pode-se dizer, sem cair em paradoxo, que o Espiritismo é o Bramanismo esotérico ao ar livre. Entre os brâmanes, a prática da evocação dos mortos é, já o dissemos, a base fundamental da liturgia dos templos e o fundo da doutrina religiosa.

Assim, pode-se verificar que o Espiritismo, organizado por Kardec em meados do século XIX, na França, assenta sobre os mesmos fundamentos científicos e filosóficos do Bramanismo indiano. Essa tradição, como atesta Gibier, comunga também os princípios da preexistência e transmigração das Almas apresentados pela doutrina Espírita, como a reencarnação, bem como sobre a constante comunicação entre os Espíritos encarnados, os Homens, e os Espíritos desencarnados.

Da mesma forma, como se pode ver também

das informações deste pesquisador do Espiritismo, os médiuns indianos, denominados naquela época, no Ocidente, como faquires, são considerados homens santos por sua prática devocional e pela constante busca por uma forma de vida pautada nos estudos filosóficos e pelo conhecimento transcendente, assim como pela humildade das vestes e alimentação frugal, praticando diariamente a meditação. É todo um modo de vida dedicado ao conhecimento e à vivência espiritual, por isso, realizam, com muita eficiência, os mesmos fenômenos que deram origem ao Espiritismo francês:

> Um de seus exercícios familiares intitula-se a dança das folhas: certo número de folhas de figueira, ou de quaisquer outras, são espetadas pelo meio em outras tantas varas de bambu enterradas no solo ou em vasos de planta. Se for exigido, o encantador nada preparará pessoalmente, não tocará em nenhum dos acessórios. Quando tudo estiver preparado, sentar-se-á no pavimento do aposento, ou no chão, se estiver ao ar livre, com as mãos estendidas a uma distância tal que se pode passar entre as folhas e as mãos. Um instante mais tarde, os espectadores sentem uma espécie de brisa fresca acariciar-lhes o rosto, se bem que as cortinas próximas permaneçam imóveis, e logo as folhas sobem e descem mais ou menos rapidamente ao longo das varas em que estão espetadas. Isto, subentende-se, sem contacto visível nem tangí-

vel entre o operador e os objetos que servem à operação.

Ou, então, um vaso, completamente cheio d'água, move-se espontaneamente sobre a mesa, inclina-se, oscila, ergue-se a altura bastante sensível, sem que uma gota do líquido se derrame.

Ou ainda, então, ouvem-se pancadas, a pedido dos assistentes, aqui ou ali, e em número determinado; se há instrumentos de música, eles emitem sons, tocam árias, em pleno sol, sob os olhos dos que estão presentes, a muitos metros do faquir, e sem que este tenha deixado um só instante a sua imobilidade marmórea.

Quando o faquir é de alta classe, no momento de despedir-se ele leva ao cúmulo vosso assombro; coloca-se em lugar bem à vista, na sala em que todos o observam, dando a frente aos espectadores, com os braços gravemente cruzados sobre o peito; seu rosto fica radiante, seus olhos brilham com um fogo sombrio, depois, lento, deixa o solo e sobe mais ou menos alto, às vezes a muitos pés do chão e mesmo até o teto!

A identidade de princípios e leis que informam, tanto os fenômenos realizados pelos faquires quanto pelos médiuns Espíritas, pode ser constatada desta afirmação de Paul Gibier:

Quando alguém questiona os faquires

sobre estes fenômenos, respondem que são produzidos pelos Espíritos. "Os Espíritos, dizem eles, que são as almas dos nossos antepassados (Pitris), servem-se de nós como de um instrumento; emprestamo-lhes o nosso fluido natural para combiná-lo com o seu, e, por esta mistura, constitui-se um corpo fluídico, com cujo auxílio eles operam sobre a matéria conforme vistes."

Do mesmo modo que os médiuns (já o vimos acima), eles produzem a escrita direta, a levitação ou elevação de corpos pesados e mesmo de corpos humanos; têm também a pretensão de provocar a aparição de fantasmas, de corpos fluídicos, etc.

Em suma, a sua linguagem traduz literalmente a de nossos espíritas parisienses.

Vê-se, pois, que, conforme Kardec já destacara na *Introdução* de *O Livro dos Espíritos*, há os princípios e leis que informam a parte fenomênica do Espiritismo, por fazerem parte das leis naturais, são de todos os tempos, por isso, como ele destacou, "a História prova que ele remonta à mais alta antiguidade".

Entretanto, há também diferenças fundamentais entre o Espiritismo, especialmente o praticado no Brasil, e o Hinduísmo, as quais, embora não guardem relação com o aspecto físico dos fenômenos mediúnicos, no entanto, podem ser encontradas na base dos princípios Éticos que regulam as relações humanas, assim como as relações entre os médiuns e os Espíritos.

Embora haja uma intensa atividade da mais autêntica solidariedade humana da parte de médiuns famosos na Índia, impulsionados pela fama de seus feitos e realizações mediúnicas e os diversos fenômenos de curas físicas que são realizados em sua presença, há uma equivocada tendência de endeusamento desses gurus por parte dos seus seguidores, levando, muitas vezes, aqueles médiuns a sucumbirem diante dos perigos do vaidoso personalismo. Este vício moral acometeu também os próprios médiuns espíritas do primeiro século na Europa e nos Estados Unidos e, infelizmente, também no Brasil, apesar do conhecimento de que unicamente a caridade evangélica deveria pautar seus trabalhos.

Outra diferença flagrante entre o Hinduísmo e o Espiritismo deve ser destacada principalmente no necessário esclarecimento do conceito de karma, uma vez que este é exclusivo daquela tradição, significando a necessária e imutável colheita dos frutos das ações praticadas em existências passadas. Embora guarde muita semelhança com a lei de causa e efeito moral revelada pelo Espiritismo, no entanto, há que se destacar uma diferença de suma importância entre as duas doutrinas, pois enquanto, no Bramanismo, o karma seria imutável, segundo a Doutrina de Kardec, o Espírito encarnado tem o dever de modificar sua condição de sofrimento, o qual deve, necessariamente, cessar, tão logo assimilada a lição que a dor tem como objetivo lhe proporcionar.

De acordo com a crítica do Mahatma Ghandi na tradução do seu Bagvad Gitã, uma leitura tendenciosa dos princípios morais contidos na lei natural de causa e efeito, da qual o conceito de karma se origina, permitiu ao Bramanismo o estabelecimento do reprovável sistema de castas, o qual impede a superação das condições desumanas em que a maioria da população da Índia sobrevive, permitindo ainda sua exploração pela classe sacerdotal privilegiada. Embora a divisão em castas, que nada mais é que um sistema político e social derivado do despotismo religioso, tenha sido oficialmente abolida desde os anos de 1980, no entanto, porque vigente por mais de 8.000 anos, ainda se encontra arraigada nos hábitos sociais daquela população, produzindo ainda enorme sofrimento na maioria do seu povo.

Assim, embora no meio Espírita muitos ainda confundam o conceito bramanista de karma com a lei de causa e efeito moral do Espiritismo, o primeiro conceito é absolutamente incompatível com a Moral do Cristo defendida na Doutrina de Kardec, uma vez que, enquanto o karma implica no conformismo com a condição reencarnatória, gerando a flagrante disparidade de estatuto entre as classes sociais e praticamente anulando o dever de solidariedade humana, o Espiritismo destaca a absoluta igualdade e fraternidade universal que devem prevalecer entre todos os Homens.

Quanto aos fenômenos espirituais que são realizados pelos médiuns indianos, os yoguis e faquires, estes são inequívocos, tendo constituído uma tradição espetacular, inclusive mediante a organização de festivais para apresentação das suas grandiosas realizações no campo dos efeitos físicos e de curas. Infelizmente, a exemplo dos médiuns europeus e americanos, como também de alguns brasileiros, a maioria dos chamados "homens santos" da Índia está mais preocupada em alcançar um vaidoso destaque religioso e, consequentemente, social, em detrimento do esforço incondicional para o autoburilamento moral.

Assim, embora haja semelhanças inequívocas entre o Espiritismo e o Bramanismo, estas, no entanto, limitam-se à identidade das leis físicas que regulam os fenômenos mediúnicos, de modo que um suposto conhecimento deste por parte de seus detratores contemporâneos não os autoriza a crítica daquele. Por outro lado, a tradição indiana da meditação, prática espírito-física desenvolvida pelo yoga, a qual visa propiciar um conhecimento mais aprofundado do corpo e um controle mais efetivo dos estados emocionais, permite alcançar-se uma condição mais elevada de consciência, e, consequentemente, um estado espiritual do mais profundo recolhimento recomendado por Kardec, constituindo, portanto, uma ferramenta muito eficaz para o desenvolvimento e a prática da mediunidade, infelizmente, ainda não descoberta pelos médiuns espíritas.

Portanto, sem o perfeito conhecimento, pelo crítico, das leis e princípios que informam o fenômeno mediúnico, não podem ser consideradas como epistemologicamente abalizadas as objeções contemporâneas ao Espiritismo, posto que, neste sentido, são incompetentes os seus investigadores e, consequentemente, levianas suas posições. Além dessas carências teóricas, raramente investigadores independentes conseguem atender às condições de recolhimento fundamental à realização do fenômeno segundo orientação de Espíritos mais elevados, pois estas só se produzem mediante sincero estado devocional, com preces para harmonização dos sentimentos envolvidos, o que é impossível ao pesquisador materialista, frustrando, assim, qualquer expectativa.

Tal insucesso da parte dos investigadores, contudo, não pode ser atribuído ao Espiritismo, uma vez que este, enquanto doutrina, filosofia e ciência, já teve sua eficiência demonstrada. Kardec já apresentou todas as condições de experimentação frutífera e, inclusive, a defesa do Espiritismo contra a crítica leviana, na *Introdução* de *O Livro dos Espíritos*, mediante argumentos absolutamente irrefutáveis:

Só assim obtereis grandes coisas. Sede, além do mais, laboriosos e perseverantes nos vossos estudos, sem o que os Espíritos superiores vos abandonarão, como faz um professor com os discípulos negligentes.

A postura assumida por Kardec na *Introdução* da obra fundamental do Espiritismo, formulando todos os pressupostos básicos para qualquer elaboração crítica à Doutrina, bem como respondendo aos principais argumentos dos seus contraditores, revela a sua honestidade intelectual e a sua postura verdadeiramente filosófica e científica. Sua destacada prudência e inquestionável probidade intelectual se mostrava necessária diante do novo horizonte que se lhe abria com o trabalho dos Espíritos, principalmente pela descoberta que facultava das novas leis da matéria e das relações morais entre aqueles e os Homens.

De todos os vícios morais inerentes ainda à condição humana, Kardec destacou a vaidade como um dos mais perniciosos, vigiando constantemente sua postura para não cair diante da tentação do destaque que lhe era propiciado pela doutrina então nascente. O seu exemplo mostra-se ainda mais necessário na contemporaneidade, uma vez que o desenvolvimento tecnológico e científico garantiu aos pesquisadores, que no século XIX ainda eram perseguidos pela Igreja, não apenas reconhecimento, mas, também, fortunas pelo comércio místico da fé.

Desta forma, muito justificável e adequada é a postura de Kardec na criteriosa exposição de todas as condições com que se devem realizar as pesquisas com os Espíritos. Sua posição se justificava também, porque, na mesma época em que eram revelados ao mundo as leis e os princípios informadores dos fenômenos espíritas por ele organizados, a mediunidade foi explorada financeiramente sem quaisquer escrúpulos, sem contar o falseamento de supostas realizações espíritas por parte dos prestidigitadores mágicos.

Por isso, mais do que se prender aos fenômenos físicos, Kardec dedicou a sua maior atenção aos inequívocos fenômenos intelectivos que eram produzidos pelos Espíritos, muitas vezes por meio de médiuns totalmente despreparados culturalmente para a realização de textos que evidenciavam alta envergadura intelectual, o que era um indício de sua autenticidade. Por isso, em *O Livro dos Espíritos* ele ainda destaca:

> O movimento dos objetos é um fato inconteste. A questão está em saber se, nesse movimento, há ou não uma manifestação inteligente e, em caso de afirmativa, qual a origem dessa manifestação.

Se, como destaca Kardec, a movimentação dos objetos era atestada pelos sentidos físicos dos pesquisadores e de suas testemunhas de ilibada reputação, homens e mulheres que nada tinham a ganhar com a eventual falsificação de seus depoimentos em favor daqueles eventos, ao contrário, que, muitas vezes, tinham a perder diante dos fenômenos espíritas que, incrédulos, constatavam, pois eles colocavam em dúvida suas próprias crenças religiosas, e, por isso, nenhum interesse poderiam ter em confirmá-los, por sua vez, os efeitos intelectuais dos fenômenos espíritas restavam ainda por ser esclarecidos.

A novidade apresentada pelo Espiritismo, em relação à maioria dos fenômenos espíritas que são apresentados em toda a História da humanidade, dá-se exatamente pela inequívoca revelação de que, para além da realidade da matéria em estado fluídico, que é comprovada nos fenômenos de materialização espiritual, havia também uma inconteste demonstração de inteligência por trás dos mesmos. Porém, como destacou Kardec:

> Não falamos do movimento inteligente de certos objetos, nem das comunicações verbais, nem das que o médium escreve diretamente. Este gênero de manifestações, evidente para os que viram e aprofundaram o assunto, não se mostra, à primeira vista, bastante independente da vontade, para firmar a convicção de um observador novato. Trataremos, portanto, da escrita obtida com o auxílio de um lápis preso a uma cesta. A maneira pela qual os dedos do médium

repousa sobre o objeto desafia, como atrás dissemos, a mais consumada destreza de sua parte para que pudesse intervir, de qualquer modo, nas letras traçadas. Mas admitamos que algum deles, dotado de maravilhosa habilidade, conseguisse iludir o olhar do observador; como explicar a natureza das respostas, quando se apresentam para além das ideias e conhecimentos do médium? E note-se que se trata de respostas compostas de numerosas páginas escritas com admirável rapidez, quer espontaneamente, quer sobre determinado assunto. [...] O que ainda torna mais estranhos esses fatos é que ocorrem por toda parte e que os médiuns se multiplicam ao infinito. São eles reais ou não? Para esta pergunta só temos uma resposta: vede e observai; não vos faltarão ocasião de fazê-lo; mas, sobretudo, observai repetidamente, por longo tempo e de acordo com as condições exigidas.

Eram essas condições que se exigem para a perfeita realização dos fenômenos espíritas, sobretudo aqueles de inquestionável caráter e frutos de elevada inteligência, os quais superam as condições intelectuais, tanto do médium quanto das demais pessoas presentes, que refutavam de plano a hipótese de resultarem aquelas comunicações como oriundas da projeção telepática de algum assistente encarnado ou mesmo do conjunto de testemunhas presentes nas sessões mediúnicas.

No mesmo sentido de confirmar a autenticidade das comunicações espirituais, e, diante do fato de que o Espiritismo foi organizado a partir de comunicações através de mais de 2000 médiuns espalhados por todo o mundo, respondendo às perguntas comuns elaboradas por Kardec sem que um soubesse da existência do outro, inclusive, médiuns crianças, fato esse que, além de confirmar tratar-se de genuínas comunicações espirituais, refutava também a hipótese de charlatanismo. Por isso, diante das críticas injustificadas, Kardec sabiamente pondera:

> Diremos, primeiramente, que a palavra charlatanismo não cabe onde não há proveito. Os charlatães não fazem grátis o seu ofício. Seria, quando muito, uma mistificação. Mas por que singular coincidência esses mistificadores se achariam acordes, de um extremo a outro do mundo, para proceder do mesmo modo, produzir os mesmos efeitos e dar, sobre os mesmos assuntos e em línguas diversas, respostas idênticas, senão quanto à forma, pelo menos quanto ao sentido? Como compreender-se que pessoas austeras, honradas, instruídas se prestassem a tais manejos? E com que fim? Como achar em crianças a paciência e a habilidade necessárias a tais resultados?

E, num argumento que anteciparia em mais de 150 anos as críticas contemporâneas de Paul Feyerabend ao despotismo cientificista, tal como o do escritor Richard Dawkins e seu livro *Deus, Um Delírio*, cujo título já denota o seu desrespeito para com o conhecimento alheio diverso da sua especialidade, Kardec adverte os adversários da doutrina Espírita:

> Os fenômenos em que ela se baseia são tão extraordinários que admitimos a existência da dúvida. O que, porém, não podemos admitir é a pretensão de alguns incrédulos, a de terem o monopólio do bom senso e que, sem guardarem as conveniências e respeitarem o valor moral de seus adversários, tachem, com desplante, de ineptos os que não seguem o seu parecer. Aos olhos de qualquer pessoa judiciosa, a opinião das que, esclarecidas, observaram durante muito tempo, estudaram e meditaram uma coisa, constituirá sempre, quando não uma prova, uma presunção, no mínimo a seu favor, visto ter logrado prender a atenção de homens respeitáveis, que não tinham interesse algum em propagar erros nem tempo a perder com futilidades.

O método positivista da observação encontra-se patenteado nesta apresentação realizada por Kardec no capítulo propedêutico da obra básica do Espiritismo. Nele são evidenciados os requisitos básicos para o estabelecimento de uma experiência transcendente, tal qual é aquela realizada com os Espíritos, seres livres como os Homens, igualmente dotados de interesses particulares e universais e que não se submetem, sem a contrapartida da cobrança de um preço, à vontade alheia, especialmente quando esta vontade não se coaduna com a sua própria.

Kardec destaca que a metodologia por ele adotada foi a da observação judiciosa, sem quaisquer pré-juízos ou prevenções, tampouco sem o encantamento injustificado dos ingênuos que caem facilmente no engodo produzido por uma fé cega, tanto em relação aos assuntos míticos quanto naqueles frutos da ignorância das mais basilares leis da natureza como os que informam as comunicações dos Espíritos, os quais eram observados, além do próprio Kardec, por um rol de testemunhas de indubitável probidade Ética e de notório e respeitável saber.

Uma prova inequívoca da realidade dos fenômenos mediúnicos é o fato de que todas as grandes universidades europeias, no período que sucedeu ao Espiritismo, constituíram sociedades de pesquisa especialmente para investigarem os mesmos fenômenos que deram origem à obra de Kardec, submetendo, por longos anos, as realizações dos médiuns à mais ampla e irrestrita pesquisa, mediante todos os critérios de aferição e controle disponíveis.

Ressalte-se, contudo, o fato de que, por se tratar de um fenômeno absolutamente inerente à natureza humana, a mediunidade não era exclusiva dos adeptos do Espiritismo, sendo que, apenas aqueles vinculados à doutrina Espírita, por identificarem-se com os seus critérios e princípios morais, realizavam suas atividades sem quaisquer modalidades de contraprestações, enquanto muitos outros cobravam pelos espetáculos das sessões que realizavam.

Assim é que as universidades de Oxford, na Inglaterra, a Sorbonne, de Paris, e a de Harvard, em Boston, nos Estados Unidos, constituíram institutos de pesquisas para investigarem academicamente, e mediante inconteste metodologia de controle, os fenômenos mediúnicos, as quais ficaram conhecidas pelo nome de *Sociedades de Pesquisa Psíquica*. Essas pesquisas duraram mais de 5 décadas, e seus resultados foram publicados em periódicos e anais ainda hoje disponíveis nas bibliotecas daquelas instituições de ensino.

Uma das pesquisas, entretanto, merece destaque, pois foi realizada conjuntamente por essas instituições durante mais de trinta anos, constituindo o que chamavam uma "teia parapsicológica", conhecida na época como as "intercorrespondências" das *Society for Psychical Research*. Sua metodologia consistia em obter, por meio de até doze médiuns separados em diversos países, mensagens que, inicialmente, pareciam enigmáticas e que, isoladamente, não faziam sentido algum. Analisadas em conjunto, entretanto, essas mensagens adquiriam um significado impressionante, pois eram transmitidos, pouco a pouco, conhecimentos da parte de sete Espíritos, três dos quais tinham sido, em vida, fundadores da SPR: Henry Sidgwick, Edmundo Gurney e Frederic W.H. Meyers.

Assim, os fenômenos espíritas ocorreram e foram investigados também fora do ambiente da doutrina organizada por Kardec, na Europa e nos Estados Unidos da América. Centenas de respeitáveis pesquisadores, durante longas décadas, entre meados do século XIX e o início do século XX, dedicaram-se às investigações dos fenômenos mediúnicos, tanto no seio do Espiritismo francês quanto, principalmente, fora deste, dentro e além das universidades.

Entre aqueles que dedicaram criteriosamente os seus conhecimentos filosóficos e científicos aos estudos dos fenômenos espíritas, figurou um contra o qual não se pode imputar, sem leviandades, quaisquer suspeitas, nem de incapacitação teórica nem tampouco de um injustificado entusiasmo religioso. Trata-se de William James, o pai da psicologia contemporânea.

Com formação acadêmica nas áreas das ciências e filosofia, William James, um dos fundadores da filial americana da *Sociedade de Pesquisas Psíquicas* na Universidade de Harvard, participou das pesquisas realizadas com a médium Leonora Piper, cuja faculdade transcendente se destacava por um novo tipo de mediunidade, diferente daquela de efeitos físicos que notabilizara muitos outros médiuns e permitira também muitas fraudes. Trata-se da mediunidade em sua modalidade intuitiva, tal como aquela descrita por Kardec na Revista Espírita de janeiro de 1866 e denominada mediunidade mental.

Assim, de acordo com a publicação da série *Mistérios do Desconhecido – evocação dos Espíritos,* Time-Life Books Inc. / Abril Livros Ltda. 1993:

> Por mais notáveis que fossem, as inter-correspondências não eram as únicas obras mediúnicas a transformar céticos em crentes, enquanto a era vitoriana dava lugar aos tempos modernos. Ao mesmo tempo em que os truques dos médiuns físicos levavam os descrentes a repudiar por completo o Espiritismo, surgia um novo tipo de mediunidade. Baseada quase exclusivamente num pretenso contacto psíquico entre os vivos e os mortos, produzia fenômenos que não podiam ser explicados apenas como fraudes. Grandes médiuns mentais, como Leonora Piper, na América, e Gladys Osborne Leonard, na Inglaterra, foram enigmas em seu tempo e assim continuam até hoje. Durante décadas, elas provaram vezes sem conta sua capacidade de saber informações inacessíveis através dos sentidos normais. E, desse modo, levaram o Espiritismo a uma encruzilhada: um ramo seguiu para a religião, outro para a psicologia e a parapsicologia.

Desta forma, depois de haver provocado uma

revolução religiosa, filosófica e científica na Europa, pelas pesquisas e a organização dos fenômenos mediúnicos de ordem física e intelectivos, o Espiritismo havia chegado também à América, onde, aliás, haviam ocorrido os primeiros fenômenos espirituais que chamaram a atenção do mundo ocidental por meio das irmãs Fox, na cidade de Hydesville, estado de New York, em 1847, portanto dez anos antes da publicação de *O Livro dos Espíritos*.

No entanto, toda uma doutrina agora se encontrava organizada, e os trabalhos mediúnicos haviam recebido uma nova direção:

Leonora Piper estava na vanguarda dessa nova estirpe. Não oferecia um espetáculo pirotécnico. Na sua tranquila presença, os móveis mantinham-se educadamente no lugar; nenhum fantasma coberto por lençóis se materializava, nenhum ectoplasma era expelido. O próprio decoro de suas sessões foi um agradável alívio para William James, o grande psicólogo e filósofo de Harvard, que começou a assistir às sessões de Leonora em 1885, quando ela tinha pouco mais de vinte anos de idade. Naquela época, James, um dos fundadores da filial americana da Sociedade para a Pesquisa Psíquica, a ASPR, já tinha se fartado das sessões por ele chamadas de "buraco de rato", que consistia em "segurar os pés de uma camponesa trapaceira."

De fato, a elegante e agradável senhora

Piper era o oposto da grosseira e lasciva Eusapia Palladino, a quem James se referia com sarcasmo. Leonora Piper, uma dama de voz suave e maneiras recatadas, nascida e criada em Boston, e casada com um funcionário de loja com quem tinha dois filhos, tivera uma educação mediana, e suas realizações mentais eram aparentemente medíocres. Mas, em sua maneira discreta, era mais extraordinária até do que a grande Palladino. Jamais foi constatada alguma fraude contra ela, e seus investigadores – os melhores do ramo – sempre concluíam que, ou ela se comunicava com os Espíritos, ou, então, possuía capacidades parapsicológicas fenomenais.

Vê-se, pois, a importância do trabalho realizado por Allan Kardec, tanto na organização metodológica das atividades dos Espíritos quanto na publicação de suas obras, uma vez que estas, ao apresentarem as leis e os princípios que informam e regulam a vida do Espírito, modificariam os rumos das ciências psicológicas:

Numa determinada sessão com William James, por exemplo, ela o informou de que uma tia que morava em Nova York havia morrido naquela mesma madrugada, às 00h30. Ela nada sabia a respeito, mas, ao chegar em casa, encontrou um telegrama dizendo: "Tia Kate faleceu alguns minutos depois da meia-noite".

Em sessões realizadas em 1885 e 1886, James ficou tão impressionado com a senhora Piper que escreveu sobre ela a seus colegas da SPR. Intrigados, os sábios britânicos enviaram o arguto e cético Richard Hodgson para investigar – o mesmo Hodgson que desmascarara Palladino, entre outros médiuns. Hodgson chegou em Boston em 1887, certo de que acrescentaria o nome de Leonora Piper a sua lista de charlatães. Em vez disso, passou os restantes dezoito anos de sua vida estudando as atividades dela, e por sua causa morreu como um crente, certo de que a personalidade humana sobrevive à morte.

A metodologia estabelecida por Allan Kardec para investigação dos fenômenos espíritas se revela perfeita em todos os seus princípios, especialmente quando ele afirma, ainda na *Introdução* de *O Livro dos Espíritos:*

> Por isso é que dizemos que estes estudos requerem atenção demorada, observação profunda e, sobretudo, como aliás o exigem todas as ciências humanas, continuidade e perseverança. Anos são precisos para formar-se um médico medíocre e três quartas partes da vida para chegar-se a ser um sábio. Como pretender-se, em algumas horas, adquirir a Ciência do Infinito? Ninguém, pois, iluda-se: o estudo do Espiritismo é imenso; interessa a todas as questões da metafísica

e da ordem social; é um mundo que se abre diante de nós. Será de admirar que o efetuá-lo demande tempo, muito tempo mesmo?

Essas acertadas ponderações de Kardec facultaram aos investigadores dos fenômenos mediúnicos, e dos próprios médiuns com suas faculdades em graus tão diversos, um acervo de informações inestimável, não apenas por lhes desvendar os fundamentos e as leis, mas por nortear todo esse trabalho por meio de uma eficiente e precisa metodologia. Um desses foi o próprio William James, assim descrito naquela mesma publicação já acima transcrita:

> James interessava-se pela parapsicologia, mas é verdade também que se interessava por praticamente tudo. Quando jovem, dedicou-se à matemática, à lógica e à arte, antes de estudar química na Universidade de Harvard. Dois anos depois, passou para a fisiologia e acabou se tornando médico e professor dessa disciplina em Harvard. Seu interesse especial era a neurologia, e passou a ser o principal psicólogo do seu tempo.

> Tinha um interesse permanente pela metafísica e pela filosofia, e seus escritos abordam a vontade humana, a imortalidade, a natureza da realidade. James refinou e popularizou o método filosófico conhecido como pragmatismo, que afirma que a verdade ou inverdade de qualquer ideia é determinada por suas consequências.

Essas pesquisas de William James sobre os fenômenos espíritas não foram em nenhum momento conduzidas por um inexistente sentimento religioso de sua parte, mas, sim, exclusivamente, por seu interesse nas capacidades humanas:

James sentia-se à vontade com a pesquisa parapsicológica que tanto chocava outros intelectuais. Para ele, o espiritualismo tinha pouco interesse; mas se fascinava com as possibilidades oferecidas pelos domínios inexplorados da mente humana. Por seu intelecto ágil, James era tratado como celebridade, tanto nos Estados Unidos como no exterior; quando descobriu a senhora Piper, o lugar dele na história já estava assegurado.

Depois de suas próprias visitas, James enviou cerca de 25 outras pessoas para que fizessem consultas à médium, todas com nomes falsos, a fim de reduzir a possibilidade de que ela obtivesse informações prévias ou conectasse as pessoas com as informações de que já dispunha. Os resultados foram impressionantes, o suficiente para que ele escrevesse: "Estou convencido da honestidade dessa médium e de que seu transe é genuíno" e "acredito que ela possua um poder até agora inexplicado".

James nunca se convenceu da sobrevivência da alma. Mesmo assim, acreditava que a senhora Piper, por si, já bastava para demonstrar a existência de poderes supranormais, mesmo que todos os outros médiuns fossem impostores. Alguns anos depois de conhecê-la, James escreveu: "Se você quiser derrubar a lei que diz que todos os corvos são negros, não procure provar que nenhum deles é negro; basta provar que um único corvo é branco. Meu corvo branco é a senhora Piper. Nos transes dessa médium, não posso resistir à convicção de que certas informações jamais foram obtidas pelo uso normal de seus olhos, ouvidos e inteligência. A origem desse conhecimento é algo que desconheço, e não tenho sequer um laivo de explicação a propor; mas não vejo como deixar de admitir que tal conhecimento existe." James duvidava, porém, que os guias espirituais da senhora Piper – que variavam ao longo dos anos – fossem de fato pessoas mortas que voltavam. Acreditava que os poderes da médium eram parapsicológicos, e não espirituais.

Embora, como visto, William James não tivesse se convertido em um crente e seguidor dos princípios e leis que informam o conjunto moral e religioso do Espiritismo, inclusive porque não se sabe se teve acesso às obras de Kardec, entretanto, daqueles fatos ele deduziu um princípio filosófico-científico, que é de fundamental importância para as investigações que devem ainda ser empreendidas pelos médiuns na contemporaneidade, a saber, o *desconstrutivismo*.

Ao se referir à médium Leonora Piper como o seu "corvo branco", James estabeleceu o princípio de que basta apresentar-se uma exceção para que se possa contestar qualquer regra, pela destruição da sua pretensão à universalidade. Ora, atualmente, a tese prevalecente nos meios científicos é o materialismo, ridicularizando-se qualquer hipótese espiritualista para a explicação do fenômeno humano, como desrespeitosamente o faz Richard Dawkins.

Contudo, se ainda ignoram o Espiritismo, as ciências não podem mais fechar os seus olhos aos fenômenos das Experiências de Quase Morte e aos inequívocos fenômenos mediúnicos, sendo que, quanto a esses, não existissem outros médiuns, o respeitabilíssimo Chico Xavier, estudado sob todos os aspectos pelas diversas ciências contemporâneas, seria o nosso inquestionável "corvo branco" que derruba todas as teses materialistas, pois mostra, de forma inconteste, sua capacidade mediúnica de obter conhecimentos inéditos exclusivamente por intercâmbio espiritual.

Diante da posição de James, mais uma vez Kardec demonstra o seu tirocínio intelectual, ao afirmar que, para além dos fenômenos físicos, seria a lógica inquestionável dos fenômenos mediúnicos de natureza intelectual que convenceriam os incrédulos, demonstrando, igualmente, o acerto da afirmação de Jesus: "Aquele que tiver olhos, que veja, ouvidos, que ouça!"

Tivesse William James lido *O Livro dos Espíritos*, ao menos o capítulo introdutório desta obra, teria deparado, no item XVI, com os argumentos de Kardec contrários à sua hipótese parapsicológica para explicar as faculdades mediúnicas da senhora Leonora Piper, especialmente quando, contestando a presença de Espíritos, ele credita à sua própria mente os poderes "paranormais" por ela apresentados. Com efeito, ali Kardec, antecipando os argumentos de James, pondera:

> XVI – Resta-nos ainda examinar duas objeções únicas que realmente merecem este nome, porque se baseiam em teorias racionais. Ambas admitem a realidade de todos os fenômenos materiais e morais, mas excluem a intervenção dos Espíritos.
>
> Segundo a primeira dessas teorias, todas as manifestações atribuídas aos Espíritos não seriam mais do que efeitos magnéticos. Os médiuns se achariam num estado a que se poderia chamar sonambulismo desperto, fenômeno de que podem dar testemunho todos os que hão estudado o magnetismo. Nesse estado, as faculdades intelectuais adquirem um desenvolvimento anormal; o círculo das operações intuitivas se amplia para além das raias da nossa concepção ordinária. Assim sendo, o médium tiraria de si mesmo, e por efeito da sua lucidez, tudo o que diz e todas as noções que transmite, mesmo sobre os assuntos que mais estranhos lhe sejam, quando no estado normal.

Como se vê, essa era exatamente a primeira

hipótese levantada por William James para a explicação dos fenômenos considerados paranormais e realizados, segundo ele, pela "mente" da senhora Leonora Piper. Embora o transcorrer das experiências junto dessa médium tivesse convencido o filósofo e psicólogo de Harvard acerca da transcendência dos fenômenos, ele não ousou atribuí-los em definitivo aos Espíritos, suspendendo, como bem recomenda o ceticismo filosófico, o seu juízo a respeito dos mesmos. Vejamos o que já dizia Kardec:

> Não seremos nós quem conteste o poder do sonambulismo, cujos prodígios observamos, estudando-lhe todas as fases durante mais de trinta e cinco anos. Concordamos em que, efetivamente, muitas manifestações espíritas são explicáveis por esse meio. Contudo, uma observação cuidadosa e prolongada mostra grande cópia de fatos em que a intervenção do médium, a não ser como instrumento passivo, é materialmente impossível. Aos que partilham dessa opinião, como aos outros, diremos: "Vede e observai, porque certamente ainda não vistes tudo."

Quando da oposição pelos adversários do Espiritismo da tese sonambúlica (hipnótica) como explicativa dos fenômenos mediúnicos, pois o magnetismo sonambúlico daquela época é atualmente estudado sob a denominação hipnotismo, atribuindo-se-os, portanto, não a personalidades espirituais estranhas à do médium, mas, sim, a conteúdos de memória e experiências deste próprio como sendo a fonte dos conteúdos das comunicações, Kardec retruca que já estudava o magnetismo (hipnotismo) e seus efeitos no ânimo do encarnado há mais de trinta e cinco anos, refutando as alegações adversárias, que atribuem à mente dos próprios médiuns as comunicações que fundaram o Espiritismo, mediante os seguintes argumentos:

> Donde veio a teoria espírita? É um sistema imaginado por alguns homens para explicar os fatos? De modo algum. Quem então a revelou? Precisamente esses mesmos médiuns cuja lucidez exaltais. Ora, se essa lucidez é tal como a supondes, por que teriam eles atribuído aos Espíritos o que em si mesmos hauriam? Como teriam dado, sobre a natureza dessas inteligências extra-humanas, as informações precisas, lógicas e tão sublimes, que conhecemos?

Vê-se que os adversários, negando a participação dos Espíritos desencarnados nas comunicações, tentaram atribuir o conteúdo das revelações do Espiritismo à capacidade anímica dos próprios médiuns, ou seja, aos seus próprios acervos de memória profunda das suas experiências existenciais, bem como, a exemplo do próprio William James, à existência de uma faculdade supranormal na mente dos sensitivos, a qual seria posta em ação pelo estado alterado de consciência provocado pelo transe hipnótico.

Essa tese, que é a mesma defendida presentemente pelos adversários dos fenômenos mediúnicos, assenta na psicanálise e na psicologia de origem freudiana, a qual, como já vimos, encontra seu fundamento na filosofia materialista de Friedrich Nieztsche. Para estes, os chamados fenômenos mediúnicos nada mais seriam que um delírio da mente em estado alterado de consciência causado por uma neurose, fazendo emergir conteúdos de fatos existenciais reprimidos, posto que traumáticos, arquivados no nível mais profundo de memória, denominado "inconsciente" por Sigmund Freud.

Kardec refuta tais argumentos da seguinte maneira:

> Opor-lhes-emos, em seguida, duas considerações tiradas da própria doutrina deles. Donde veio a teoria espírita? É um sistema imaginado por alguns homens para explicar os fatos? De modo algum. Quem então a revelou? Ora, se essa lucidez é tal como a supondes, por que teriam eles atribuído aos Espíritos o que em si mesmos hauriam?

Tem razão o organizador do trabalho dos Espíritos, pois, se o argumento de que o conteúdo das revelações teria origem nas mentes dos próprios sensitivos, poderia ser válido para criticar as obras de Emmanuel Swedenborg, uma vez que este as apresentou como o resultado de informações por ele mesmo obtidas em um estado elevado de consciência, conquistado mediante a emancipação espiritual durante transes sonambúlicos, permitindo, assim, deslocar-se como Alma até regiões espirituais, entretanto, tal argumento não se prestava para impugnar a fonte das obras Espíritas.

Como teriam dado, sobre a natureza dessas inteligências extra-humanas, as informações precisas, lógicas e tão sublimes que conhecemos? Uma de duas: ou eles são lúcidos, ou não o são. Se o são e se se pode confiar na sua veracidade, não haveria meio de admitir-se, sem contradição, que não estejam com a verdade. Em segundo lugar, se todos os fenômenos promanassem do médium, seriam sempre idênticos num determinado indivíduo; jamais se veria a mesma pessoa usar de uma linguagem disparatada, nem exprimir alternativamente as coisas mais contraditórias. Esta falta de unidade nas manifestações obtidas pelo mesmo médium prova a diversidade das fontes. Ora, desde que não podemos encontrar todas nele, forçoso é que as procuremos fora dele.

Kardec evidencia a total ausência de lógica dos argumentos adversários sobre a origem mediúnica das comunicações espíritas, pois, se eles admitem que as mensagens emanariam da própria mente dos sensitivos em estado mais elevado de consciência, embora, como reconheceu William James, ninguém soubesse explicar qual a fonte e o mecanismo deste fenômeno, pondera Kardec que, se aquele estado mental era lúcido, o conteúdo das mensagens seria verdadeiro e, portanto, incontestável. Ora, as mensagens revelavam o mundo espírita ao nosso redor, portanto, se resultante de um estado mais lúcido, deveriam conter a verdade, por que, então, contestá-las?

Outrossim, argumenta Kardec, porque as comunicações continham assuntos e informações as mais diversas, embora tivessem sido transmitidas através de um mesmo médium, essa diversidade de conteúdos, às vezes até mesmo contraditórios sobre um mesmo assunto, evidenciaria uma origem diversa da mente do sensitivo, ponderando:

> Ora, desde que não as podemos encontrar todas nele [médium], forçoso é que as procuremos fora dele.

Se os elevados e inéditos conteúdos da maioria das mensagens que geraram *O Livro dos Espíritos* tivessem sido dados pela mente de uma pessoa instruída, esta deveria, necessariamente, como mostra a História da Filosofia, ser um verdadeiro sábio, uma vez que esta obra esclarece todos os mistérios acerca do Homem, da Natureza e, inclusive, do Criador. Ocorre que grande parte desta obra foi trazida pela mediunidade de duas médiuns irmãs, adolescentes de treze e dezesseis anos. Exatamente por isso surgiria uma outra tese da parte dos adversários, a qual atribuía o conteúdo daquelas comunicações a uma fonte coletiva, ou seja, o conjunto de todas as mentes humanas que cercariam o médium.

Esse mesmo equivocado argumento sobrevive até hoje, agora, inclusive, respaldado por um conceito apresentado pela psicanálise de Carl Gustav Jung, discípulo e dissidente de Freud, o qual formulou um hipótese antropológica e psicanalítica denominada "inconsciente coletivo". Este seria um acervo de memória individual constituída a partir de arquétipos e conteúdos inatos herdados pela participação de cada indivíduo como membro do gênero humano e obtidos a partir da própria evolução da espécie.

Embora Kardec esclareça que, sem dúvidas, as comunicações mediúnicas sofram influências tanto dos conteúdos mnemônicos do próprio médium, assim como dos demais presentes nas reuniões experimentais, pois isso faz parte da própria natureza e mecanismos da mediunidade, no entanto, uma tal hipótese, visando explicar todo o Espiritismo, é errônea:

> Sendo-lhes impossível negar a realidade de um fenômeno que a ciência comum não pode explicar e não querendo admitir a presença dos Espíritos, os que assim opinam o explicam a seu modo.

Quando se lhes demonstra, até à evidência, que certas comunicações do médium são completamente estranhas aos pensamentos, aos conhecimentos, às opiniões mesmo de todos os assistentes, que essas comunicações frequentemente são espontâneas e contradizem todas as ideias preconcebidas, ah! Eles não se embaraçam com tão pouca coisa. Respondem que a irradiação vai muito além do círculo imediato que nos envolve; o médium é o reflexo de toda a Humanidade, de tal sorte que, se as inspirações não lhe vêm dos que se acham a seu lado, ele as vai beber fora, na cidade, no país, em todo o globo e até nas outras esferas.

Vê-se do trecho acima que Kardec antecipa a defesa da tese Espírita diante das críticas das teorias materialistas de sua época, as quais são perfeitamente aplicáveis às teorias contemporâneas opositoras do espiritualismo em geral, especialmente as hipóteses levantadas pelas teorias psicanalíticas, tanto a de Freud, com o conceito de "inconsciente", quanto a de Jung, com o seu igualmente equívoco conceito de "inconsciente coletivo".

A teoria psicanalítica argumenta que, como é muito difícil apreenderem-se todas as experiências existenciais dos pacientes adultos, estas emergiriam na forma dos conteúdos dos sonhos, muito diversos das experiências despertas das vivências ocorridas na infância e inacessíveis à memória presente, as quais forneceriam, inclusive, o conteúdo traumático para os distúrbios da mente. Pretende também a teoria de Freud que aquele acervo de experiências não racionalmente processado formaria o "inconsciente".

Kardec refuta as hipóteses de que os conteúdos das comunicações mediúnicas tivessem origem no que atualmente se denominaria "inconsciente" dos médiuns, ou seja, aquele acervo de experiências traumáticas reprimidas num canto qualquer da memória e que emergiriam para a estrutura psíquica do paciente na forma de patologias comportamentais ou, no caso do Espiritismo, nas comunicações mediúnicas, uma vez que, frequentemente, o teor das comunicações superam em muito a capacidade cognitiva dos médiuns e não guardam relação alguma com sua história existencial.

Quanto ao argumento de alguns críticos da época de que o conteúdo das comunicações mediúnicas poderia ser apreendido, não dos Espíritos, mas, sim, das ideias comuns conservadas pelas pessoas reunidas ou, até mesmo, pelo conjunto da população do globo terrestre, hipótese à qual Kardec atribui um nome bastante apropriado, a teoria *refletiva*, ele a pondera e argumenta que essa tese, por si só, é mais fantástica que a explicação espírita.

Contrapondo, assim, ambas as hipóteses, Kardec pondera que a explicação materialista é mais fantasiosa do que a própria realidade espírita e, num argumento perfeitamente coadunado com a filosofia do conhecimento de Guilherme de Ockham, especialmente com o princípio conhecido como a "navalha de Ockham", o qual defende a economia da explicação como indício de acerto da tese nela contida, Kardec argumenta:

> Não me parece que em semelhante teoria se encontre explicação mais simples e mais provável que a do Espiritismo, visto que ela se baseia numa causa bem mais maravilhosa. A ideia de que seres que povoam os espaços e que, em contacto conosco, comunicam-nos seus pensamentos, nada tem que choque mais a razão do que a suposição dessa irradiação universal, vindo, de todos os pontos do Universo, concentrar-se no cérebro de um indivíduo.

Os argumentos de Kardec contra a *teoria refletiva* são logicamente irrefutáveis, principalmente porque a Doutrina dos Espíritos:

> Foi ditada pelas próprias inteligências que se manifestam, quando ninguém disso cogitava, quando até a opinião geral a repelia. Ora, perguntamos, onde foram os médiuns beber uma doutrina que não passava pelo

pensamento de ninguém na Terra? Perguntamos ainda mais: por que estranha coincidência milhares de médiuns espalhados por todos os pontos do globo terráqueo, e que jamais se viram, acordaram em dizer a mesma coisa?

Poderíamos citar inúmeros fatos que demonstram, na inteligência que se manifesta, uma individualidade evidente e uma absoluta independência de vontade. Recomendamos, portanto, aos dissidentes, observação mais cuidadosa e, se quiserem estudar bem, sem prevenções, e não formular conclusões antes de terem visto tudo, reconhecerão a impotência de sua teoria para tudo explicar.

Recorde-se, mais uma vez, as deduções do filósofo Immanuel Kant de que a faculdade da imaginação não opera sem representações dadas na experiência sensível, de modo que Kardec tem toda a razão quando refuta a hipótese de que os médiuns teriam imaginado a doutrina dos Espíritos assim como a *teoria refletiva*, segundo a qual, eles poderiam tê-la adquirido como conteúdos emergentes do "inconsciente" dos cérebros das outras pessoas que os cercavam. Essa é uma hipótese mais absurda do que a própria admissão de Consciências desencarnadas se comunicando com os Homens por meio de um sexto sentido.

Outrossim, Kardec expende um argumento

irrefutável em defesa da tese Espírita, qual seja, o que a experiência junto dos Espíritos revelou a mais absoluta independência e liberdade dos mesmos nas suas relações com os Homens, pois, desde o mais ignorante até o mais sábio, ninguém, nenhum dos participantes das experiências, médiuns ou experimentadores, conseguiu impor a sua vontade e sobrepujar a vontade dos Espíritos quando estes se comunicavam ou se abstinham de fazê-lo. Portanto, a liberdade das manifestações evidenciou a presença de uma outra Inteligência e vontade se relacionando com os encarnados.

Diante do argumento adversário de que os Espíritos não respondem a todas as perguntas que lhes são formuladas, Kardec lembra a questão moral que sempre informa as comunicações, pois uma das conclusões mais importantes trazidas pelo Espiritismo é que os Espíritos superiores nunca se relacionam com os Homens apenas para divertimento ou para atender às vãs curiosidades destes. Por isso, ensina:

> Ora, exatamente porque os Espíritos são superiores é que não respondem a questões ociosas ou ridículas e não consentem em ir para a berlinda; é por isso que se calam ou declaram que só se ocupam de coisas sérias.

A liberdade é, portanto, o signo característico da origem espírita de um fenômeno, tanto os de ordem física quanto aqueles inteligentes. Por isso, Kardec destaca a espontaneidade com que se realiza uma comunicação e a do seu conteúdo, como os fatores mais importantes para a conclusão de sua fonte espiritual.

> Desde, portanto, que não cede ao desejo da assembleia, corroborado pela própria vontade dele, é que o médium obedece a uma influência que lhe é estranha e aos que o cercam, influência que, por esse simples fato, testifica da sua independência e da sua individualidade.

Ainda no capítulo introdutório de *O Livro dos Espíritos*, Kardec, ao apresentar a nova doutrina, formula as condições básicas para a sua compreensão e consequente aceitação:

> O ceticismo, no tocante à Doutrina Espírita, quando não resulta de uma oposição sistemática por interesse, origina-se quase sempre do conhecimento incompleto dos fatos, o que não obsta a que alguns cortem a questão como se a conhecessem a fundo. Pode-se ter muito atilamento, muita instrução mesmo, e carecer-se de bom senso. Ora, o primeiro indício da falta de bom senso está em crer alguém infalível em seu juízo.

Qual poderia ser o interesse de alguém, que o impediria de aceitar as revelações e as conclusões lógicas da doutrina dos Espíritos? Há, com relação a isso, pelo menos duas ordens de rejeições, sendo a primeira de natureza religiosa, e a segunda, profissional. Ambas, entretanto, são sustentadas com base em dois vícios do Espírito: orgulho e vaidade. É muito difícil para nós reconhecermos que caminhamos sobre o erro, aceitarmos que fizemos um investimento equívoco, seja de ordem material, seja de natureza intelectual ou sentimental.

Ora, dois investimentos que demandam tempo são exatamente os do campo da religião e da ciência. Para formarmos uma convicção religiosa, é necessário pelo menos um terço da existência encarnada, ou seja, ao menos a infância e a juventude, sendo muito difícil alguém tornar-se uma pessoa religiosa sem que tenha recebido, nas duas fases iniciais da existência, infância e juventude, esse conhecimento e tenha experimentado algum sentimento religioso. Da mesma forma, para se formar um profissional experiente e respeitado, demanda-se um longo tempo. Ora, são exatamente essas pessoas que se sentem autorizadas a se apresentarem como adversários de alguma nova doutrina.

Os exemplos contemporâneos de supostas autoridades que contestam o espiritualismo, tal como o ateísta militante, Richard Dawkins, apresentam os seus vastos *curriculum* para justificarem as críticas que expendem contra as religiões, como se a especialização acadêmica em uma determinada área do saber os credenciasse ao título de sábio universal. É exatamente esse vício do Espírito, a vaidade, que lhes induz ao erro da autoatribuição de uma sabedoria que, de fato, não detêm. Da mesma forma, o vício do orgulho os impede de reconhecerem o erro de seus investimentos ideológicos, mesmo quando sua convicção é abalada pelas evidências contrárias.

São poucos os homens de ciência e de filosofia que, tendo investido décadas na formação de suas carreiras profissionais e intelectuais, para afirmação de um saber específico, diante de novas descobertas não se sintam ameaçados em suas posições ou humilhados em seu orgulho. A humildade não é um sentimento dos mais frequentes nos meios acadêmicos e científicos, por isso, é tão difícil mudarem-se os pontos de vista, mesmo diante de fatos que contrariam frontalmente nossas convicções.

Assim se dá com o Espiritismo, pois, como uma nova Ciência, Filosofia e Religião, derruba muitas convicções e, por isso, mesmo, à primeira vista, vai de encontro a muitos interesses pessoais e, inclusive, profissionais. No entanto, esse é um pensamento muito equivocado, pois, sendo uma doutrina absolutamente Natural em suas três fontes, em nada contraria os conhecimentos verdadeiros, somente contribuindo para o avanço do saber e, consequentemente, para o esclarecimento pleno sobre o ser humano.

Nenhuma ciência, filosofia ou religião verdadeiramente éticas podem oferecer alguma resistência a isso. Por isso, Kardec expõe, ao final da *Introdução* de *O Livro dos Espíritos*:

> A ciência espírita compreende duas partes: experimental uma, relativa às manifestações em geral; filosófica outra, relativa às manifestações inteligentes. Aquele que apenas haja observado a primeira se acha na posição de quem não conhecesse a Física senão por experiências recreativas, sem haver penetrado no âmago da ciência. A verdadeira Doutrina Espírita está no ensino que os Espíritos deram, e os conhecimentos que esse ensino comporta são por demais profundos e extensos para serem adquiridos de qualquer modo, que não por um estudo perseverante, feito no silêncio e no recolhimento. Porque só dentro desta condição se pode observar um número infinito de fatos e particularidades que passam despercebidos ao observador superficial, e afirmar opinião.

Se, à época que sucedeu o trabalho de Kardec, grandes universidades da Europa e Estados Unidos constituíram sociedades para desenvolverem investigações sistematizadas e criteriosas dos fenômenos espíritas, mostrando que os sábios daquele tempo eram, de fato, homens interessados no verdadeiro conhecimento, atualmente prevalece a leviandade intelectual e absoluta falta de critério científico na maioria das críticas lançadas contra as religiões de um modo geral e, em particular, contra o Espiritismo e os fenômenos mediúnicos.

Raros são os pesquisadores contemporâneos que tratam da questão espiritualista sem preconceitos, como o fez o neurocientista Antonio Damásio em seu livro *O Erro de Descartes*. Como a maioria dos filósofos e neurocientistas, ele adota o sistema do monismo materialista, ou seja, a hipótese de que o ser humano é composto apenas de matéria, portanto, um pensamento contrário ao dualismo de René Descartes, o qual considerava o Homem como constituído a partir de duas substâncias, uma pensante, o Espírito, e outra mensurável, o seu corpo.

Para Damásio, que é adepto do pensamento contemporâneo de que não existe o Espírito, mas, tão somente, estados mentais, o que constitui uma nova modalidade de pensamento, a Filosofia da Mente, "a mente verdadeiramente incorporada que concebo não renuncia aos níveis mais refinados de funcionamento, aqueles que constituem sua alma e seu Espírito. Do meu ponto de vista, o que se passa é que a alma e o Espírito, em toda a sua dignidade e dimensão humana, são os estados complexos e únicos de um organismo." Esse pesquisador se afina, portanto, com uma nova modalidade de materialismo contemporâneo, o biologismo. No entanto, porque um pesquisador honesto, Antonio Damásio conclui dessa maneira aquela sua obra:

> Talvez a coisa mais indispensável que possamos fazer no nosso dia a dia, enquanto seres humanos, seja recordar a nós próprios e aos outros a complexidade, fragilidade e singularidade que nos caracterizam. É claro que essa não é uma tarefa fácil: tirar o Espírito do seu pedestal, em algum lugar não localizável, e colocá-lo num lugar bem mais exato, preservando, ao mesmo tempo, sua dignidade e sua importância; reconhecer sua origem humilde e sua vulnerabilidade e, ainda assim, continuar a recorrer à sua orientação e conselho. Uma tarefa indispensável e difícil, sem dúvida, mas sem a qual talvez seja melhor que o erro de Descartes fique por corrigir.

A infelicidade da filosofia materialista contemporânea, a filosofia da mente, estabelecida a partir de Schopenhauer e Nietzsche, e, por consequência, das suas afilhadas, a psicanálise de matriz freudiana, a psiquiatria que a sucedeu, a neurociência que segue esta última e as diversas vertentes da psicologia formada com base no conceito de mente acima esclarecido por Damásio, foi tentar retirar o Espírito da elevada posição em que ele se encontrava, pelo menos, há 8000 anos, desde os Vedas e Vedantas indianos, sem, contudo, obter sucesso em convencer a sã razão de que somos apenas o resultado de um organismo bem sucedido na evolução das espécies.

Essa tentativa infeliz de se eliminar o Espírito do mundo deu-se, principalmente, em virtude da falência das religiões dogmáticas, tal como afirma o filósofo Nietzsche em seu livro *Genealogia da Moral*. Nesta obra, o filósofo alemão culpa a instituição Igreja pela falência dos valores cristãos, o "veneno" que promoveria a "redenção" da humanidade pela vitória dos valores do homem comum que se identifica com o Cristo. Mas, se a Moral do Cristo é o veneno, qual o papel da Igreja? Segundo Nietzsche:

> Atualmente, ela afasta mais do que seduz... Qual de nós seria livre-pensador se não houvesse a Igreja? A Igreja é que nos repugna, não o seu veneno... Não considerando a Igreja, também nós amamos o veneno...

Portanto, um verdadeiro investigador dos postulados Espíritas contidos em *O Livro dos Espíritos* não pode simplesmente desprezar todos os seus princípios e as leis por ele reveladas, como se fossem apenas fruto de uma "mente" superexcitada e de uma imaginação prodigiosa, produtoras de estados patológicos, tal como pretendem os seus adversários contemporâneos. Se o próprio Nietzsche reconhece o valor da Moral do Cristo, a que ele chama "veneno", e, se o próprio neurocientista Antonio Damásio reconhece a incapacidade de a Ciência contemporânea retirar o Espírito do seu elevado lugar, isto é sinal inequívoco de que o Espiritismo merece um pouco mais de respeito da parte de seus detratores.

Por isso é que Kardec afirma ao final da *Introdução* daquela obra:

> Não produzisse este livro outro resultado além do de mostrar o lado sério da questão e de provocar estudos neste sentido e rejubilaríamos por haver sido eleito para executar uma obra em que, aliás, nenhum mérito pessoal pretendemos ter, pois que os princípios nela exarados não são de criação nossa. O mérito que apresenta cabe todo aos Espíritos que a ditaram. Esperamos que dará outro resultado, o de guiar os homens que desejam esclarecer-se, mostrando-lhes, nestes estudos, um fim grande e sublime: o do progresso individual e social e o de lhes indicar o caminho que conduz a esse fim.

Por isso, longe de ser dogmática, a postura de Kardec é absolutamente científica e, pois, francamente aberta a discussões. No entanto, como ele mesmo já estabelecera anteriormente, o pesquisador interessado na contestação dos postulados

Espíritas deverá, necessariamente, estar perfeitamente informado dos princípios e leis que os fundamentam, como também exige a epistemologia contemporânea, sob pena de, no máximo, tecer uma crítica leviana, postura inadmissível nos campos da Ciência e da Filosofia.

Quanto ao Espiritismo e ao conteúdo daquela obra, Kardec pondera:

> A razão nos diz que entre o homem e Deus outros elos necessariamente haverá, como disse aos astrônomos que, entre os mundos conhecidos, outros haveria, desconhecidos. Que filosofia já preencheu essa lacuna? O Espiritismo no-la mostra preenchida pelos seres de todas as ordens do mundo invisível, e estes seres não são mais do que os Espíritos dos homens, nos diferentes graus que levam à perfeição. Tudo então se liga, tudo se encadeia, desde o alfa até o ômega. Vós, que negais a existência dos Espíritos, preenchei o vácuo que eles ocupam. E vós, que rides deles, ousai rir das obras de Deus e da sua onipotência!

Atualmente, com o desenvolvimento das pesquisas espaciais, a humanidade tem alcançado distâncias sequer vislumbradas em sonhos na época de Kardec, e, não obstante, tais constatações têm comprovado integralmente algumas revelações daquelas obras espíritas, tais como as da física quântica que mostram a absoluta ligação entre todos os seres materiais, desde a mais ínfima porção quântica até organização grandiosa da galáxia mais distante.

Resta, no entanto, aos homens de ciência alcançarem, para além do ser material, o Ser intelecto-sentimental, o Espírito. Para tanto, mais do que equipamentos sofisticados que ampliam o infinitamente pequeno do campo da matéria, necessitam ampliar o seu campo de sentimentos, pois, só assim, adquirirão condições de investigar, com eficiência, o Ser transcendental. Essa metodologia apresentada por Kardec, em *O Livro dos Médiuns*, será objeto do próximo capítulo.

Capítulo 6

UMA NOVA CIÊNCIA

EU GOSTARIA DE ABRIR este capítulo no qual apresento Allan Kardec como o criador da Ciência Espírita, com a citação de um trecho da obra *O Espiritismo Perante a Ciência*, do escritor Gabriel Dellane (1857-1926), engenheiro francês, renomado cientista e pioneiro nas investigações da relação mente-corpo, a atual neurociência, e um dos mais respeitados pesquisadores dos fenômenos mediúnicos segundo os princípios da doutrina dos Espíritos:

Há duas fases distintas na história do Espiritismo, que é útil assinalar. A primeira compreende o período que vai do ano de 1846, data de sua aparição, até o ano de 1869, que foi o da morte de um escritor célebre, Allan Kardec. Durante esse tempo, estudou-se, em toda parte, o fenômeno espírita, as experiências se multiplicaram e os observadores sérios descobriram que os fatos novos eram produzidos por inteligências que viviam uma existência diferente da nossa. Dessa certeza, nasceu o desejo de estudar tão curiosas manifestações, e, com documentos recolhidos em toda a parte, Allan Kardec compôs *O Livro dos Espíritos* e, mais tarde, o dos Médiuns, que são o vademecum indispensável às pessoas desejosas de se iniciarem nessas novas práticas. O grande filósofo que a escreveu imprimiu vigoroso impulso a tais investigações, e à sua dedicação infatigável, pode-se dizer, é que se deve a propagação rápida de tão consoladoras verdades.

Diante de tão autorizada apresentação de Allan Kardec como um homem das letras e da filosofia, exporei neste capítulo como ele conseguiu, de forma inédita na história da Filosofia e da Ciência, superar o obstáculo epistemológico apresentado por Kant contra qualquer investigação do Espírito, estabelecendo, senão os meios para domínio científico da substância da qual é constituído o Ser imaterial, no entanto, a metodologia adequada para o conhecimento seguro e eficiente dos efeitos produzidos pelos Espíritos no mundo físico e intelectivo, por meio do conhecimento pleno da mediunidade, a faculdade natural de todo ser humano que lhe permite conhecer-se como um ente para além dos sentidos físicos.

Embora Kardec já apresente os princípios e leis que subjazem aos fenômenos espirituais desde a *Introdução* de *O Livro dos Espíritos*, detalhando-os e esclarecendo-os no decorrer de toda aquela obra, no entanto, a metodologia científica para o seguro conhecimento dos efeitos produzidos pelo Espírito no mundo físico e em nosso universo de sentimentos é transmitida, de forma integral, na sua segunda obra, qual seja, *O Livro dos Médiuns*, que é assim apresentada pelo seu organizador:

> O LIVRO DOS MÉDIUNS – Espiritismo Experimental – ou – Guia dos Médiuns e dos Evocadores. Contendo o ensinamento especial dos Espíritos sobre a teoria de todos os gêneros de manifestações, os meios de comunicação com o Mundo Invisível, o desenvolvimento da mediunidade, as dificuldades e os obstáculos que se podem encontrar na prática do Espiritismo. Em continuação de *O Livro dos Espíritos*.

Esta apresentação deixa claro o conteúdo da obra, qual seja, a teoria e a prática do intercâmbio com os Espíritos. Destina-se, portanto, àqueles que pretendem conhecer os efeitos dos Espíritos no mundo físico e no universo dos sentimentos, apresentando-se como a parte experimental do Espiritismo e formulada em continuação a *O Livro dos Espíritos*. Importa destacar que este último contém toda a parte teórica da Filosofia e da Ciência Espírita, as leis e os princípios que regulam toda a vida e a ação dos Espíritos, sendo, portanto, imprescindível o seu integral conhecimento para que se possa tentar realizar experiências profícuas com as Inteligências desencarnadas.

De posse daqueles conhecimentos teóricos fundamentais, o experimentador deverá apossar-se dos princípios de experiência trazidos com *O Livro dos Médiuns*, uma vez que este apresenta, de modo científico, o passo a passo das investigações e os resultados realizados por Kardec, todas as condições, portanto, para se estabelecerem comunicações inteligentes com os Espíritos e, sobretudo, a orientação segura para a repetição eficiente desses fenômenos, atendendo integralmente às exigências da epistemologia contemporânea.

O grande erro da parte dos investigadores dos fenômenos espíritas não adeptos do Espiritismo e, inclusive, da maioria dos praticantes dos fenômenos mediúnicos segundo a orientação da Doutrina Espírita é buscar pelo intercâmbio espiritual sem o domínio pleno dos princípios e leis que o informam, os quais se encontram todos em *O Livro dos Espíritos*. Por isso, Kardec deixa claro que *O Livro dos Médiuns* é uma continuação daquela obra, não sendo possível, portanto, obter-se sucesso na reprodução, ou mesmo na identificação dos fenômenos espíritas dados comumente no cotidiano da humanidade, sem o domínio completo daquela primeira obra.

Desde a *Introdução* de *O Livro dos Médiuns*, Kardec destaca a importância de o experimentador prático do Espiritismo estar perfeitamente informado dos princípios desta ciência, a fim de se premunir contra as dificuldades e decepções que certamente encontrará. Afirma, entretanto, que o trabalho de organização daquela obra surtiu os efeitos desejados, pois ela se mostra perfeitamente adequada para esse intento, uma vez que os adeptos atentos à sua leitura são perfeitamente prevenidos dos obstáculos iniciais, esclarecendo:

> Um desejo bem natural, entre as pessoas que se ocupam com o Espiritismo, é o de poderem entrar, elas mesmas, em comunicação com os Espíritos; é para lhes aplainar o caminho que esta obra está destinada, em as fazendo aproveitar o fruto dos nossos longos e laboriosos estudos, porque enganar-se--ia quem pensasse que, para ser perito nesta matéria, bastaria saber colocar os dedos sobre uma mesa para fazê-la girar, ou tomar do lápis para escrever.
>
> Enganar-se-ia, igualmente, quem acreditasse encontrar nesta obra uma receita universal e infalível para a geração de médiuns. Embora cada pessoa seja dotada dos princípios das qualidades sobre as quais se desenvolve a faculdade mediúnica, essas qualidades existem em graus bastante diversos, e o seu desenvolvimento é devido a causas que não dependem exclusivamente da sua vonta-

de. As regras da poesia, da pintura e da música não fazem poetas, nem pintores ou músicos daqueles que não têm o talento necessário; elas apenas os guiam no emprego de suas faculdades naturais. Este é também o nosso trabalho; seu objetivo é indicar os meios de desenvolvimento da faculdade medianímica, na medida em que o permitem as disposições naturais de cada um, e, sobretudo, dirigir--lhes o emprego de uma maneira útil desde que a faculdade exista. Mas esta não é o fim único a que nos propusemos.

Vê-se, pois, que Kardec estabelece, de plano, a condição mais básica para que as tentativas de se estabelecerem comunicações com os Espíritos sejam profícuas e eficientes, qual seja, a de ser o experimentador detentor da faculdade mediúnica, ainda que em seu estado inicial de desenvolvimento. Destaque-se que o organizador do trabalho dos Espíritos refere-se a esta faculdade como sendo uma potência medianímica, ou seja, ao mesmo tempo, uma capacidade própria da Alma (*anima*) estimulada por uma presença espiritual. Por isso, ele deixa claro de início, que a ninguém é dado realizá-la exclusivamente pelo esforço da sua vontade, pois não pode prescindir da presença de um outro Espírito desencarnado para que a experiência se realize satisfatoriamente.

Entretanto, esclarece o autor que, para muito além da orientação dos médiuns, a obra se destina a auxiliar o número crescente de pessoas que, todos os dias, ocupam-se das manifestações espirituais:

> Ao lado dos médiuns propriamente ditos, há uma população que cresce todos os dias de pessoas que se ocupam das manifestações espíritas; guiá-las nas suas observações, assinalar-lhes os obstáculos os quais elas devem e, necessariamente, irão encontrar nesta coisa nova, iniciá-las na maneira de se relacionar com os Espíritos, indicar-lhes os meios de obterem boas comunicações, tal é o conteúdo que devemos abranger sob pena de fazer uma obra incompleta. Ninguém se surpreenda, pois, de encontrar, neste trabalho, ensinamentos que, à primeira vista, poderiam parecer estranhos: a experiência mostrará sua utilidade. Depois de estudá-lo cuidadosamente, se compreenderá melhor os fatos que testemunharão; a linguagem de certos Espíritos lhes parecerá menos estranha. Como instrução prática, ele não se destina, pois, exclusivamente aos médiuns, mas a todos aqueles que desejam ver e observar os fenômenos espíritas.

Outrossim, diante da sugestão de algumas pessoas de que Kardec elaborasse um manual mais sucinto, contendo, em poucas palavras, a indicação dos procedimentos a serem seguidos para se entrar em comunicação com os Espíritos, ele pondera:

Eles pensam que um livro dessa natureza poderia, com preço mais baixo, ser muito mais difundido e se tornaria um potente meio de divulgação, multiplicando o número de médiuns. Enxergamos uma tal obra como mais prejudicial do que útil, ao menos no momento. A prática do Espiritismo é cercada de muitas dificuldades e não está sempre isenta de inconvenientes que somente um estudo sério e completo pode prevenir. Seria, pois, temerário que uma orientação muito sucinta provocasse experiências realizadas com leviandade, das quais poderiam se arrepender. São coisas com as quais não é conveniente, nem prudente, se brincar, e cremos prestar um mal serviço colocá-las à disposição do primeiro desmiolado inconsequente que encontre prazer de se entreter com os mortos. Dirigimo-nos às pessoas que vêm no Espiritismo um fim sério, que o compreendem em toda a sua gravidade, e não joguem com as comunicações do mundo invisível.

Pode-se verificar dessa postura de Kardec que ele, embora em nenhum momento se refira diretamente ao filósofo Kant e à sua filosofia crítica às pretensas investigações Metafísicas, certamente, pela exuberante formação intelectual que revelou na edificação do Espiritismo, estava ele informado das exigências filosóficas para a construção de uma verdadeira ciência para os fenômenos espíritas, tanto que ele seguiu a orientação do movimento filosófico inaugurado a partir do século XIX, intitulado *positivismo*, estabelecendo uma verdadeira *metodologia* para investigação daqueles fenômenos, indubitavelmente, superando as barreiras apresentadas por Kant.

Nem se pretenda que Kardec houvesse agido em qualquer momento como um metafísico dogmático, ou seja, aquele que crê cegamente em testemunhos que não os dos próprios sentidos, uma vez que, diante dos fatos, como ele mesmo atesta, tratou de buscar pelas leis que se os informavam e suas verdadeiras causas. Foi a sua irretorquível lógica e bom senso, sustentados na sua formação intelectual, que lhe permitiram comprovar experimentalmente os efeitos, as novas leis e princípios que lhe chegaram, inicialmente, por revelação dos próprios Espíritos, mas que foram empiricamente aferidos por ele segundo seu inequívoco senso crítico e capacidade científica.

Por isso, Kardec não poderia admitir, em hipótese alguma, a simplificação da exposição desse roteiro, pois ele representa uma nova e inédita metodologia para a constituição de uma verdadeira ciência do Espírito. Tendo em vista o momento histórico em que ela se dava, essas exigências não poderiam ser ignoradas, pois a filosofia crítica de Kant já tinha adquirido a fama de ter eliminado qualquer pretensão de investigação racional da Metafísica, quando, na verdade, as tentativas do filósofo foram no sentido de estabelecê-la como Ciência.

Como vimos do seu texto contra o misticismo de Swedenborg, Kant sugeriu se esperasse que, "no mundo futuro", ou seja, no mundo dos Espíritos, fossemos, "talvez", "instruídos" acerca da realidade do Espírito, "graças a novas experiências e novos conceitos a respeito das forças em nosso eu pensante, por enquanto ocultas a nós". Segundo ele, enquanto tal mundo não chegasse, haveria a impossibilidade racional dessa pesquisa do ser transcendente.

A rejeição inicial de Kardec, quando convidado para a investigação dos fenômenos espíritas, não tem outro fundamento senão o ceticismo filosófico e científico em relação à Metafísica, causados também pela crítica de Immanuel Kant. Ocorre que as novas leis e forças que regulam a ação do ser pensante, as quais o filósofo alemão esperava encontrar apenas "no outro mundo", foram reveladas diante dos incrédulos olhos de Allan Kardec, que, assim, pôde superar os obstáculos investigativos apresentados pelo filósofo alemão, justificando essa posição do filósofo francês:

> Publicamos uma Instrução Prática com a finalidade de guiar os médiuns; essa obra hoje está esgotada e, embora realizada com um fim eminentemente grave e sério, não a

reimprimiremos, pois não a consideramos ainda totalmente completa para esclarecer, sobretudo, as dificuldades que se pode encontrar. Nós a substituiremos por esta, na qual reunimos todos os dados que uma longa experiência e um estudo consciencioso nos permitiram adquirir. Ela contribuirá, ao menos esperamos, para dar ao Espiritismo o caráter sério que é sua essência e impedir seja ele sujeito de ocupação frívola e para diversão.

Era toda uma nova ciência que surgia, a qual iria abalar os fundamentos tanto das religiões dogmáticas quanto, igualmente, do materialismo científico. Era necessário, portanto, tratá-la com a seriedade, capacidade filosófica e o mais absoluto critério de exposição lógica, e uma tal realização não seria possível senão por intermédio de um Espírito de escol encarnado. Deste modo, enquanto a fonte dos princípios e das leis naturais que informam os fenômenos mediúnicos é de origem exclusivamente espiritual, a Filosofia e a Ciência Espírita devem a sua elaboração principalmente ao próprio Allan Kardec, embora ele reconheça que os Espíritos, mediante as questões por ele apresentadas após a publicação da primeira edição, acrescentaram, à segunda edição de *O Livro dos Médiuns*, um grande número de notas e de instruções do mais alto interesse.

Como toda ciência elaborada para atender às novas exigências científicas do criticismo kantiano e nos moldes do *positivismo*, suas leis e princípios deveriam resultar de observações práticas, e apresentadas de modo tal que a experiência pudesse ser repetida por qualquer outro investigador devidamente instrumentalizado pelo conhecimento daqueles fundamentos. Esta é uma exigência que o próprio Kardec já destacava no seu tempo:

> A estas considerações acrescentaremos outra muito importante, que é a má impressão que produz sobre certas pessoas novatas, ou mal dispostas, as experiências levianas e sem conhecimento de causa. Elas têm o inconveniente de atribuir, ao mundo dos Espíritos, uma ideia muito falsa e de se prestarem ao ridículo, submetendo-se a uma crítica frequentemente fundada. É por isso que os incrédulos saem dessas reuniões raramente convencidos e pouco dispostos a ver um lado sério no Espiritismo. A ignorância e a leviandade de certos médiuns têm causado mais danos do que se poderia crer na opinião de muitas pessoas.

A história dos fenômenos mediúnicos na Europa e nos Estados Unidos, sobretudo das investigações realizadas pelas Sociedades de Pesquisas Psíquicas das mais famosas universidades, mostra, de modo inconteste, o acerto de Kardec na advertência contra os maus médiuns e experimentadores. Numerosos foram os casos de fraudes praticados por pessoas inescrupulosas mediante a simulação de inexistentes fenômenos espirituais, especialmente da parte daqueles que não seguiram a organização sistematizada da ciência Espírita, e, mais ainda, por aqueles que não lhe seguiam os seus princípios morais. Por isso, destaca Kardec:

> O Espiritismo fez grandes progressos depois de alguns anos, mas eles se tornaram imensos depois que ele entrou na via filosófica, porque ele é investigado por pessoas esclarecidas. Atualmente, ele não é mais um espetáculo, mas uma doutrina da qual não se riem mais aqueles que zombavam das mesas girantes. Esforçando-nos para conservá-lo nesse terreno, temos a convicção de conquistar para ele mais partidários úteis do que provocando manifestações abusivas. Temos todos os dias a prova disso pelo número de adeptos que faz tão somente pela leitura de *O Livro dos Espíritos*.

Por isso, após confirmar *O Livro dos Espíritos* como a parte filosófica do Espiritismo, Kardec justifica a publicação de *O Livro dos Médiuns* como constitutivo da sua parte prática:

> Depois de havermos exposto, em *O Livro dos Espíritos*, a parte filosófica da ciência espírita, damos com esta obra a parte prática para o uso daqueles que desejem se ocupar das manifestações, seja por eles mesmos, seja

para prestarem conta dos fenômenos que sejam convidados a testemunhar. Nela encontrarão os obstáculos que se pode encontrar, e terão assim um meio de os evitar. Essas duas obras, que fizemos seguir uma à outra, são, até certo ponto, independentes, mas qualquer um que deseje se ocupar seriamente da coisa, diremos que leia antes *O Livro dos Espíritos*, porque ele contém os princípios fundamentais, sem os quais certas partes desta aqui serão, talvez, dificilmente compreendidas.

Lembremos das ponderações que Kardec já havia feito na *Introdução* de *O Livro dos Espíritos* e transcritas em parte aqui neste livro, especialmente no capítulo anterior, quando, estabelecendo uma postura científica absolutamente conforme com as exigências de Kant, para a criação de uma metafísica como ciência, Kardec anteciparia a contemporânea epistemologia alertando para a necessidade de domínio completo dos princípios e leis que fundamentam os fenômenos espíritas, tanto para sua perfeita apreensão e reprodução quanto para que as críticas lançadas sobre o Espiritismo sejam válidas.

A grandiosidade do trabalho de Kardec em *O Livro dos Médiuns* começa a se revelar na exposição das *Noções Preliminares*, quando ele formula a questão: *Há Espíritos?*

A dúvida concernente à existência dos Espíritos tem por causa primeira a ignorância sobre a sua verdadeira natureza. Admitem-nos geralmente como seres à parte dentro da Criação, e cuja necessidade não é demonstrada.

Qualquer que seja a ideia que se faça dos Espíritos, esta crença é necessariamente fundada sobre a existência de um princípio inteligente fora da matéria; ela é incompatível com a negação absoluta desse princípio. Tomamos, pois, nosso ponto de partida na existência, sobrevivência e individualidade da Alma, do qual o espiritualismo é a demonstração teórica e dogmática, e o Espiritismo, a demonstração patente. Façamos, por um instante, abstração das manifestações propriamente ditas e, raciocinando por indução, vejamos a quais consequências chegaremos.

A proposição do raciocínio pelo método indutivo demonstra por que Kardec deve ser considerado um filósofo lógico e racionalista, tal como Kant exigia de um verdadeiro metafísico. Se, outrossim, analisarmos o texto kantiano *Sonhos de um Vidente Explicados Por Sonhos da Metafísica*, constataremos como naquele texto, no capítulo intitulado *"primeira parte, que é dogmática"*, Kant irá formular as mesmas perguntas com as quais Kardec inicia *O Livro dos Médiuns*, pois, naquele texto, Kant diz:

> Se se reúne tudo aquilo acerca de Espíritos que o colegial recita, a grande massa

conta e o filósofo demonstra, então isso me parece constituir uma parte não pequena do nosso saber. Mesmo assim, ouso afirmar que, se ocorresse a alguém ater-se um pouco à questão, que tipo de coisa propriamente é isto de que se acredita saber tanto sob o nome de um Espírito, ele deixaria todos esses sabichões no mais penoso dos embaraços. O palavrório metódico das universidades é muitas vezes tão só um acordo em desviar de uma questão de difícil solução através de palavras ambíguas, porque dificilmente se ouve nas academias o cômodo e o mais das vezes razoável "eu não sei". Certos novos sábios, como gostam de ser chamados, livram-se facilmente desta questão. Um Espírito, diz-se, é um ser que possui razão. E assim não é, portanto, nenhum dom particular ver Espíritos, pois quem vê homens vê seres que possuem razão. Mas, prossegue-se, este ser, que no homem possui razão, é apenas uma parte do homem, e esta parte, que o vivifica, é um Espírito. Muito bem, pois: antes que demonstreis, portanto, que só um ser espiritual pode possuir razão, cuidai para que eu entenda antes que conceito devo fazer de um ser espiritual.

Não sei, portanto, se existem Espíritos, mais ainda, nem sequer sei o que significa a palavra Espírito.

Dificilmente saberei se Kardec tinha ou não conhecimento desse texto de Kant, mas, no entanto, é certo que ele tentava responder às objeções apresentadas pelo filósofo alemão. Sigamos, portanto, o raciocínio indutivo do organizador do Espiritismo:

> Desde o momento em que se admite a existência da alma e sua individualidade depois da morte, é preciso admitir também: 1. que ela é de uma outra natureza diferente do corpo, pois que, uma vez separada dele, não conserva mais as propriedades daquele. 2. Que ela goza de consciência de si mesma, pois que se lhe atribui a felicidade ou o sofrimento, enquanto que, se fosse um ser inerte, poderia muito bem nem existir para nós. Isso admitido, essa alma vai a alguma parte; que se torna ela e aonde ela vai? Segundo a crença comum, ela vai ao céu ou ao inferno; mas onde são o céu e o inferno?

Este é um ponto crucial da nossa análise sobre a verdade, tanto da nossa existência como Espíritos quanto, sobretudo, para aferir a veracidade do próprio Espiritismo e, consequentemente, a validade da metodologia científica inaugurada por Kardec. Em primeiro lugar, num diálogo com Kant, deveríamos adverti-lo de que foi ele mesmo o primeiro filósofo a pleitear a sobrevivência da alma individual, por conseguinte, a existência de um Sumo Criador, como uma necessidade da razão, desenvolvendo essa teoria em suas duas principais obras críticas, *Crítica da Razão Pura* e *Crítica da Razão Prática*. Iniciando a análise da hipótese da existência de Espíritos, já no texto *Sonhos de Um Vidente*, Kant diz:

> Toda a moralidade das ações jamais poderá ter, segundo a ordem da natureza, seu efeito completo na vida corpórea do homem, mas poderá tê-lo certamente no mundo dos Espíritos segundo leis pneumatológicas [espirituais].

Posteriormente, nas duas primeiras obras críticas, *Crítica da Razão Pura* e *Crítica da Razão Prática*, o filósofo alemão desenvolve aquela ideia de que, como ser racional, o Homem participa de uma comunidade universal de entes de inteligência, cuja finalidade é a Liberdade e, no entanto, enquanto ser no mundo, ele participa também de uma natureza animal carregada de inclinações e tendências, por isso afirma a impossibilidade de alcançar o Homem sua completa perfeição já neste mundo. Ocorre que um fato histórico, a saber, a Revolução Francesa, gerou na Europa um sentimento de entusiasmo, o qual, segundo o filósofo, seria um signo prognóstico de que a humanidade avança para o melhor da Moral.

Entretanto, diante da limitação da sua existência no mundo, a Alma não teria tempo suficiente para realizar plenamente suas capacidades evolutivas no campo da moralidade. Por isso, ele pleiteia a ideia de continuidade da vida do Espírito após a morte, e, assim, a hipótese de um outro mundo, onde a Alma do Homem continuaria sua evolução moral e realizaria plenamente sua Liberdade.

Desta forma, por admitir a existência da Alma, não poderia ser o próprio Kant a contestar o argumento de Kardec expendido na primeira parte de *O Livro dos Médiuns*, quando este pleiteou a sobrevivência do Ser imperecível. Outrossim, ainda que atualmente se contestasse as conclusões de Kardec quanto à existência e sobrevivência da Alma, bem como as de Camille Flammarion, astrônomo e cientista francês que deu continuidade àquelas investigações sobre as manifestações de Espíritos por mais de 60 anos, as contemporâneas Experiências de Morte Aparente (EMA) vêm comprovando, de modo empírico, essa ideia pleiteada tanto pelo filósofo alemão quanto por Kardec. Portanto, atualmente, já estão plenamente cumpridas as exigências filosóficas de Kant para a análise da Ciência Espírita.

Ora, a partir do momento em que se encontram superadas as dúvidas acerca da existência e da Alma e de sua sobrevivência à morte do corpo, como demonstram as EMA`s, bem como os 160 anos de comunicações dos Espíritos sob a apreciação científica do Espiritismo, tanto as realizadas pelo fundador do Instituto Astronômico de Paris, Camille Flammarion, como Willian James, podemos analisar o conteúdo da metodologia de Kardec para a realização de experiências seguras e eficientes com os seres imateriais. Continuando na Primeira Parte de *O Livro dos Médiuns*, ele apresenta de plano a hipótese Espírita:

> A razão se recusa a admitir a inutilidade do infinito, e tudo nos diz que esses mundos sejam habitados. Se são povoados, eles fornecem, pois, seu contingente ao mundo das almas.
>
> A doutrina da localização das almas não pode estar de acordo com os dados da ciência, uma outra doutrina mais lógica lhe assegura por domínio, não um lugar determinado e circunscrito, mas o espaço universal: é todo um mundo invisível no meio do qual nós vivemos, que nos envolve e nos acotovela sem cessar. Há nisso alguma impossibilidade, qualquer coisa que repugne à razão? Absolutamente nada, tudo nos diz, ao contrário, que não pode ser de outra forma.

Uma hipótese lógica muito semelhante também já tinha sido utilizada por Kant naquela obra em que o filósofo alemão, visando formular uma crítica às visões de Swedenborg, analisa os dois argumentos, um que afirma a existência de uma comunidade de Espíritos da qual participa a humanidade e outro que nega sua existência e nossas relações com ela, assim teorizando o filósofo crítico:

Assim, portanto, o mundo imaterial incluiria em si de imediato todas as inteligências criadas, das quais algumas são unidas à matéria em uma pessoa e outras não; [...] Todas essas naturezas imateriais, digo eu, quer exerçam ou não a sua influência no mundo dos corpos, todos os seres racionais, cujo estado contingente é animal, seja aqui sobre a Terra ou em outros planetas, quer vivifiquem o material rude da matéria agora ou no futuro, ou o tenham vivificado no passado, encontrar-se-iam de acordo com esses conceitos em uma comunidade adequada à sua natureza e não baseada nas condições limitantes das relações dos corpos, desaparecendo a distância dos lugares e dos tempos, que constitui no mundo visível o grande abismo que suprime toda comunidade. A alma humana deveria, por isso, ser considerada, já na vida presente, ligada a dois mundos simultaneamente, dos quais sente claramente, na medida em que está ligada a um corpo numa unidade pessoal, apenas ao mundo material, enquanto recebe e transmite, como membro do mundo dos Espíritos, as influências puras de naturezas imateriais, de tal modo que, tendo cessada aquela ligação, reste apenas a comunidade em que sempre se encontra com naturezas espirituais, a qual teria de se manifestar em sua consciência para uma intuição clara.

Vê-se, da citação acima, o mais absoluto acerto da hipótese de Kant em relação à existência e à estruturação de uma comunidade de Espíritos. Kardec, por sua vez, um século depois, respondendo àquela pergunta inicial de Kant sobre o que seriam os Espíritos, iria afirmar na introdução de *O Livro dos Médiuns:*

> Ora, essas almas que povoam o espaço são precisamente o que se chamam Espíritos; os Espíritos não são, pois, outra coisa senão as almas dos homens despojadas de seus invólucros corporais. Se os Espíritos fossem seres à parte, suas existências seriam mais hipotética; mas, admitindo-se que há almas, é necessário admitir os Espíritos que não são outra coisa senão as próprias almas. Se se admite que as almas estão por toda a parte, é preciso admitir que os Espíritos também estão. Não se poderia, pois, negar a existência dos Espíritos sem negar a das almas.

E, numa dialética histórica, os dois filósofos apresentam seus raciocínios, sendo que, enquanto Kardec já estava plenamente informado da existência dos Espíritos, pelas experiências empíricas com as Consciências desencarnadas que ele realizou, Kant, por sua vez, encontrava-se ainda apenas no campo da hipótese sobre a existência de um mundo dos Espíritos:

> Está, pois, praticamente demonstrado ou poderia facilmente ser demonstrado, se se quisesse ser exaustivo, ou, melhor ainda,

será demonstrado futuramente, não sei onde nem quando, que a alma humana se encontra também nesta vida em uma comunidade indissolúvel com todas as naturezas imateriais do mundo dos Espíritos, que ela tanto age sobre essas quanto recebe delas influências, das quais não tem, contudo, consciência como homem, enquanto está tudo bem. [...].

Seria uma beleza se uma tal constituição sistemática do mundo dos Espíritos, como a representamos, pudesse ser deduzida ou mesmo só inferida com probabilidade de alguma observação qualquer efetiva e geralmente admitida, e não apenas do conceito da natureza espiritual em geral, demasiadamente hipotético. Por isso, ouso, contando com a deferência do leitor, inserir aqui uma tentativa deste tipo, que por certo se encontra algo fora do meu caminho e também bastante longe da evidência, mas ainda assim parece dar ocasião a suposições nada desagradáveis.

O que, em meados do século XVIII, figurava apenas como uma simples hipótese para a crítica que era formulada por Immanuel Kant aos textos de Swedenborg, um século depois Allan Kardec apresentaria como uma verdadeira teoria, tornada tão evidente com a investigação sistematizada dos fatos espíritas, que seria constituída como uma verdadeira ciência, como ele patenteia na introdução de *O Livro dos Médiuns:*

3. Isto, é verdade, não é senão uma teoria mais racional que a outra; mas é muito mais uma teoria que não contradiz nem a razão, nem a ciência. Se, ademais, ela é comprovada pelos fatos, ela tem a seu favor a sanção do raciocínio e da experiência. Os fatos, nós os encontramos nos fenômenos das manifestações espíritas, que são, assim, a prova patente da existência da alma e, por consequência, dos Espíritos.

Embora a postura inicial do filósofo alemão fosse do mais absoluto ceticismo quanto às possibilidades de se demonstrar cientificamente a existência de um universo para as Almas, no entanto, naquela sua especulação, ele admite:

> Confesso estar fortemente inclinado a afirmar a existência de naturezas imateriais e incluir minha própria alma na classe desses seres. Mas, então, quão misteriosa não se torna a comunidade entre um Espírito e um corpo!

Aqui, exatamente neste ponto da confissão de Kant, podemos encontrar todo o dilema enfrentado pela filosofia espiritualista, desde que René Descartes dividiu o ser humano em coisa pensante e coisa extensa, alma e corpo, em Espírito e matéria. Como é possível a reunião, em um mesmo ser, de duas naturezas absolutamente distintas? Exatamente por isso, Kardec faz a seguinte observação naquela sequência de *O Livro dos Médiuns:*

Mas, entre muitas pessoas, aí se detém a crença; admitem bem a existência e, consequentemente, a dos Espíritos, mas eles negam a possibilidade de comunicação com eles, pela razão, dizem, que os seres imateriais não podem agir sobre a matéria. Essa dúvida se funda na ignorância da verdadeira natureza dos Espíritos, dos quais se faz geralmente uma ideia muito falsa, pois se lhes figuram, erroneamente, como seres abstratos, vagos, indefinidos, o que não são.

Imaginemos primeiramente o Espírito na sua união com o corpo; o Espírito é o ser principal, pois que é o ser pensante e sobrevivente; o corpo não é senão um acessório do Espírito, um invólucro, uma vestimenta que ele abandona quando está usada. Além desse invólucro material, o Espírito tem um segundo, semimaterial, que o une ao primeiro; na morte, o Espírito se livra do primeiro, mas não do segundo, ao qual damos o nome de perispírito. Este invólucro semimaterial, que dá a forma ao corpo humano, constitui por si um corpo fluídico, vaporoso, mas que, mesmo sendo invisível para nós no seu estado normal, possui algumas propriedades da matéria.

O Espírito não é, pois, um ponto, uma abstração, mas um ser limitado e circunscrito pelo perispírito, ao qual falta apenas a visibilidade e ser tocável para ser idêntico aos seres humanos.

Estava, pois, resolvido o problema da filosofia espiritualista, e, inclusive, solucionado o problema apresentado por Kant, pois, ao contrário do que se pensava, por meio das experiências incontestes de Allan Kardec com os fenômenos Espíritas, comprovou-se que o ser humano não era constituído apenas por duas naturezas absolutamente distintas, Espírito e matéria, mas que havia um terceiro elemento nessa constituição, realizando a ligação entre aquelas duas essências, o qual, por seu estado semimaterial, participaria, ao mesmo tempo, das outras duas. Mas como isso seria possível, pois, ou o Espírito em si mesmo é distinto da matéria, ou com ela se confundiria. Esse aparente paradoxo demonstra o acerto de Kardec em apresentar *O Livro dos Médiuns* como uma continuação de *O Livro dos Espíritos*.

Naquela primeira obra do Espiritismo, na *Parte Segunda – Do Mundo Espírita ou Mundo dos Espíritos*, investigando a *Origem e Natureza dos Espíritos*, já se esclarecera que o Espírito, como todos os demais seres, foram criados por Deus. Que eles "são a individualização do princípio inteligente, como os corpos são a individualização do princípio material". Portanto, corpo e Espírito têm origens distintas a partir de dois princípios básicos criados por Deus, respectivamente, o Fluido Cósmico Universal e o Princípio Inteligente.

No entanto, diante da ponderação de Kardec acerca da possibilidade de se chamar imaterial o Espírito, as Inteligências que ditavam aquela obra afirmam: "Imaterial não é bem o termo; incorpóreo seria mais exato, pois deves compreender que, sendo uma criação, o Espírito há de ser alguma coisa. É a matéria quintessenciada, mas sem analogia para vós outros, e tão etérea que escapa inteiramente ao alcance dos vossos sentidos." Kardec complementa essa informação com o seguinte comentário:

> Dizemos que os Espíritos são imateriais, porque, pela sua essência, diferem de tudo o que conhecemos sob o nome de matéria.

Ora, atualmente, com a comprovação da existência da matéria em porções subatômicas e o desvendamento de novas leis que regulem o seu comportamento nesses estados quânticos, mediante o desenvolvimento dos experimentos realizados pela chamada física de partículas, caminha-se para a comprovação não só da existência da matéria em estados muito diversos desses por nós conhecidos, mas, inclusive, daqueles já descobertos na época de Kardec, em meados do século XIX, através dos fenômenos de materializações espíritas.

É importante ressaltar, contudo, que essa matéria "quântica" das teorias contemporâneas não é da mesma substância que o Espírito, pois o elemento essencial do qual é constituído o ser espiritual, ou seja, a "matéria quintessenciada, mas sem analogia para vós outros", é de outra natureza que a matéria universal surgida a partir das infinitas modificações do Fluido Cósmico Universal.

Assim, enquanto as partículas atualmente investigadas pela física quântica são modificações do Fluido Cósmico Universal, este sim a verdadeira "matéria de Deus", o Espírito é constituído por outra essência. É algo, sem dúvida, como dizem em *O Livro dos Espíritos*, porém, esse algo é ainda sem qualquer referência teórica para que possa ser apreendido pelas ciências físicas dos Homens. As manifestações e os fenômenos espíritas, embora sejam efeitos da realidade do ser imaterial, não são, contudo, a manifestação do próprio ser em si, mas, sim, de seu corpo espiritual, o qual é constituído a partir das variações do Fluido Cósmico Universal realizadas pela atmosfera da Terra.

Fica evidente, portanto, que o *quid*, o "quê", a essência, a substância da qual é constituído o Espírito, é distinto da matéria quântica atualmente investigada pela física de partículas. O que seria essa matéria, entretanto, ainda nos é ignorado, e creio que o será ainda por muitos séculos. Há uma equivocada tendência mística de identificar esta essência do Espírito com aquilo que vulgarmente se designa por "energia". No entanto, como adverte Silvio Senno Chibeni, sequer há consenso científico sobre o que de fato se quer designar com o termo "energia", de modo que a sua utilização para identificar o ser imaterial inteligente, o Espírito, seria ainda mais inadequada.

Assim, apesar do significativo avanço no campo das ciências físicas e biológicas, não temos ainda referencial teórico para formularmos um conceito sobre o que é o Espírito em si, a sua substância ou a essência da qual é constituído. O que já podemos saber sobre isto se dá apenas de uma forma negativa, ou seja, o que ele não pode ser em hipótese alguma, a saber, que o Espírito não é constituído a partir de quaisquer variações ou estados resultantes da matéria originada do Fluido Cósmico Universal, tampouco de matéria "quântica" ou mesmo de "energia", a não ser que se lhe acrescentasse o termo "inteligente", de modo a referir-se ao Espírito como sendo constituído a partir de uma "Energia Inteligente".

Esta é uma questão de difícil solução no presente momento do conhecimento científico da humanidade, e que tem causado uma grave confusão junto de uma população ansiosa para encontrar a essência do Espírito. Conceitos tais como "mente" e "consciência" têm produzido uma série de deduções equivocadas, pois, de uma forma indiscriminada, têm sido usados como sinônimo de Espírito. Essas confusões têm sido ampliadas, especialmente depois que experiências neurocientíficas com equipamentos de ressonância magnética funcional revelaram as relações entre sentimentos e campos neurais específicos.

A neurociência contemporânea nada mais é do que o desenvolvimento de experiências mais amplas e detalhadas com o órgão cerebral, incluindo o mapeamento das áreas relacionadas com as funções orgânicas, o comportamento, a memória e as capacidades cognitivas do ser humano, pelo desenvolvimento de equipamentos produtores de imagens do cérebro em atividade. Estas investigações sobre o órgão cerebral no tempo de Kardec eram reunidas numa área médica denominada frenologia, com implicações filosóficas, como esclarece o organizador do Espiritismo na Revista Espírita de abril de 1862, num artigo intitulado *Frenologia Espírita.*

Este mapeamento do cérebro e das suas relações com o comportamento, bem como a descoberta dos hormônios neurotransmissores, aumentou, na atualidade, a tendência de se repetir o erro materialista de se identificar a "consciência" com as funções cerebrais. A refinada especialização do cérebro e a sutileza das suas relações sinápticas têm gerado novas especulações acerca de ser a "mente" e a "consciência" simplesmente uma consequência da sutilização da matéria cerebral organizada em um campo de "energia" "emergente" daquelas funções.

Naquele artigo, Kardec já contestava a tese materialista de que o pensamento seria uma "secreção" do cérebro, como a bilis é do fígado. Podemos ver, também do seu texto contra Swedenborg, que Kant já havia refutado essa hipótese, que eu chamarei de materialismo quântico, por uma simples questão de lógica:

> Cada qual vê por si mesmo que, ainda que se atribua também às partes elementares da matéria uma capacidade de representações obscuras, não segue daí uma força de representação da própria matéria, porque muitas substâncias deste tipo, ligadas em um todo, jamais podem constituir uma unidade pensante.

Por mais ínfimas que sejam as partículas materiais e mais refinadas e dinâmicas suas interações eletroquímicas, como aquelas dos impulsos neurotransmissores dadas no nível cerebral, mesmo quando constituem um todo orgânico como o cérebro, elas jamais seriam capazes de gerar uma unidade reflexiva e, ainda menos, uma força viva como a vontade livre de uma razão que decide.

As experiências da área da computação e robótica com Inteligência Artificial evidenciam que, embora sejam dotadas de uma enorme capacidade de realizar cálculos matemáticos e de solucionar os problemas que lhes são formulados, tal capacidade só se dá pela sua pré-formatação por parte de uma inteligência humana que elabora um programa computacional e, assim, pré-determine, inclusive, certa capacidade de improvisação mediante dados que lhes são fornecidos, por isso, estes centros computacionais jamais serão dotadas de vontade.

Este é o principal signo característico do ser humano, a vontade, ou, no que toca ao campo da moralidade, mais especificamente a má vontade. A denominada Inteligência Artificial difere de um ente racional, pois não é dotada de vontade. Esta força viva da Alma nos mostra que, onde seria de se esperar que qualquer ente racional agisse, como um autômato o faz, sempre, qualquer ser humano pode simplesmente negar-se à ação. Isto se dá porque todo ente racional, desde a mais tenra idade, evidencia sua capacidade de volição, distinguindo-se de todos as demais inteligências animais e, principalmente, da chamada Inteligência Artificial. Vontade não é simplesmente agir, mas, igualmente, não agir onde tudo e todos o fariam.

Assim, se os conceitos "mente" e "consciência", como estados emergentes do cérebro, são equívocos fundamentais do materialismo contemporâneo, ainda mais equivocada é a analogia que se faz da "inteligência artificial" com a razão humana. A razão é uma faculdade desenvolvida pelo Espírito, que é o senhor da vontade, uma força viva capaz tanto da ação quanto da omissão, da sua afirmação ou da sua negação. Esta força dinâmica encontra o seu ponto mais elevado no altruísmo, que é a vontade de negar-se em benefício do outro, coisa que nenhum objeto "ex maquina" jamais será capaz de escolher, pois, é a negação total do instinto de sobrevivência.

Foi sua lógica inquestionável, estabelecida tanto segundo a epistemologia de Aristóteles quanto a filosofia crítica de Kant, que levou Kardec a deduzir: "um efeito inteligente tem, necessariamente, uma causa inteligente". A organização material obedece a leis químicas e físicas deterministas, enquanto a lei da liberdade obedece à vontade e ao sentimento. O desenvolvimento da vontade até o ponto mais elevado possível para os Espíritos vivendo na Terra foi exemplificado por Jesus, que exemplificou a mais absoluta negação de si em benefício do outro, mostrando que o supremo sacrifício é a mais altiva posição a que um Ser pode conquistar.

Essa postura altruísta como resultado de uma reflexão só é possível aos seres humanos, pois é fruto da evolução de um senso moral essencialmente distinto de qualquer determinismo material, revelando uma dignidade no ser humano muito superior a qualquer preço que possa ter um objeto da natureza, mesmo o seu corpo, exatamente porque implica na ruptura total da ordem da natureza material, cuja finalidade é sempre a sobrevivência, enquanto que a finalidade última a ser alcançada pelo Espírito é a Liberdade, cuja lei é a do Amor.

Se o que atualmente se denomina "mente" não pode ser considerado um sinônimo de Espírito, e a "consciência" é apenas um estado cognitivo e decisório da Alma, igualmente equívoca é a utilização do termo "energia" para designar o Espírito. Se não pretendemos aguardar até que retornemos ao mundo dos Espíritos para aferição deste conhecimento, como recomenda Kant, apenas a título de especulação, eu seria até capaz de admitir a utilização do termo "energia" para designar o "do quê" é constituído o Espírito, desde que se lhe conjugue o termo inteligente. Assim, exclusivamente a título de descontração, eu poderia chamar a "matéria espiritual" de "energia inteligente", exatamente para distingui-la da "energia obscura" que constitui toda a "matéria universal".

A Ciência Espírita foi organizada por Allan Kardec exatamente para demonstrar que, por trás daqueles fenômenos incontestes de manifestações físicas e inteligentes, estavam as Consciências que povoam o Universo: os Espíritos. Ela mostra que os Espíritos são uma das forças da Natureza e, pela identidade essencial com os Homens, Espíritos encarnados, há constante e universal interação de sentimentos entre todos nós. Como seria isso possível? Pelas faculdades espirituais mantidas incólumes no perispírito, tanto na condição de encarnado quanto, ainda mais potentes, no estado de desencarnado.

A partir da revelação, atualmente em vias de comprovação pela física quântica, de que tanto o corpo humano quanto o perispírito são constituídos da mesma essência material, o Fluido Cósmico Universal, que constitui toda a matéria do Universo, seja a "matéria de Deus", a "matéria escura", as "supercordas", e, inclusive, toda a "energia", ficou absolutamente compreensível como se dão as experiências de movimentações e materializações de objetos realizadas pelos Espíritos.

Como seres inteligentes dotados de uma força íntima original denominada vontade, os Espíritos organizam e desorganizam aquele elemento material desde que foram criados, formando os diversos corpos do universo, inclusive e especialmente os seus corpos, os quais são tanto mais complexos quanto mais evoluída é a Inteligência. Valendo-se da conjunção da sua vontade com a vontade dos médiuns, os Espíritos combinam os elementos de seus corpos espirituais com os dos objetos, fazendo com que esses elementos penetrem os espaços "vazios" das moléculas materiais, animando-as com uma vida temporária e dando-lhes uma condução determinada por sua inteligência e vontade.

Aos que se admiram dessa possibilidade, Kardec lembra que são exatamente entre os fluídos mais rarefeitos que se encontram algumas forças mecânicas e elétricas. Hoje, fracionado o átomo, a humanidade já conhece bem melhor a potência da matéria subatômica armazenada sob a forma de energia nuclear, seja nas usinas de produção de eletricidade, seja, lamentavelmente, no ato covardemente realizado sobre Hiroshima e Nagasaki. Da mesma forma, as pesquisas atuais no campo da física quântica já patentearam, de maneira inequívoca, a influência do observador consciente nas experiências com elétrons livres, determinando o comportamento dessas partículas materiais.

Assim, a Ciência Espírita, inaugurada há mais de 150 anos, comprova a sua verdade e primazia nas mais recentes descobertas científicas. A física de partículas já constatou a determinação do observador inteligente sobre a matéria sutil, confirmando as revelações do Espiritismo de que é a Inteligência quem organiza a matéria por meio da sua força essencial, a vontade. Esta força, que era cega em sua origem, após um longo estágio evolutivo junto dos três reinos da Natureza, individualiza-se e se converte em instinto animal. Mais adiantada ainda, a Inteligência se reconhece e adquire consciência de si. No entanto, apenas ao humildemente reconhecer-se como Criatura, a Inteligência vence as paixões, sublimando aquela força e transformando-a em sentimento.

A força do Espírito é, portanto, o sentimento. É

este quem mobiliza a vontade gerando o pensamento e, impulsionando as partículas do perispírito, as transformam em ondas comunicando-se entre si e com os homens. Esta força produz infinitos fenômenos mecânicos e dinâmicos no cotidiano da humanidade, afetando e, muitas vezes, determinando a relação dos Homens entre si e com os Espíritos desencarnados. Esta é a causa das variadas patologias de ordem psicológica e de alguns fenômenos físicos insólitos que ainda assombram a comunidade científica materialista, pois, dependendo das condições experimentais, a vontade pode produzir a modificação do estado da matéria bruta e produzir curas de ordem fisiológica, realizando os inexplicáveis "milagres".

Conhecidas, portanto, as leis naturais que regulam a matéria sutil e, com isso, deduzidas as possibilidades de realizações materiais da parte das Inteligências desencarnadas, Kardec perguntou se seria possível aos Espíritos se comunicarem com os Homens e como se daria essa comunicação. Ele concluiu que tais intercâmbios decorriam da própria natureza da Alma, o ser Inteligente que conserva no perispírito todo o acervo de experiências adquiridas nos evos da sua história evolutiva, o qual inclui o mecanismo de comunicação por via do pensamento, desenvolvido nos momentos em que o Espírito se encontra livre do corpo físico, tanto pela morte quanto pelo sono.

As experiências de comunicação telepática entre Espíritos encarnados em estado de vigília já seriam suficientes para comprovarem a capacidade de comunicação espiritual para além dos órgãos dos sentidos físicos. Esta é uma realidade do ser humano decorrente da evolução da comunicação por pensamentos desenvolvida pela Inteligência mediante o uso de seu perispírito, tanto naqueles períodos em que permanece entre uma encarnação e outra quanto nos momentos em que o corpo físico encontra-se em repouso do sono e permite sua emancipação enquanto Alma. O pensamento é, portanto, o veículo primeiro da comunicação espiritual.

Assim, a comunicação telepática é uma capacidade inerente a todos os Espíritos, encarnados ou desencarnados, não sendo, portanto, de se admirar que aqueles que mais a exercitaram em outras existências mais desenvolveram a faculdade mediúnica. Quando a faculdade é exercitada inúmeras vezes em estado de vigília, em diversas encarnações, visando se obter comunicações com Espíritos desencarnados, ela adquire uma acuidade que faculta ao seu portador comunicar-se em pensamento com eles. Por isso, são capazes de programar, em existências futuras, além de outras atividades inerentes à Inteligência, um uso mais frequente daquela faculdade espiritual, assumindo um compromisso de sublimá-la para seu esclarecimento e do semelhante, sob a supervisão de seu Espírito Protetor. Tais são os médiuns.

No entanto, ainda que não tenha assumido compromisso algum de trabalhar neste sentido, a mediunidade é a forma de comunicação entre o Espírito encarnado e o seu Protetor, o famoso Anjo da Guarda de todas as tradições religiosas. É por meio deste veículo comunicativo que recebemos dele as imprescindíveis orientações existenciais e dividimos com ele, através da prece, nossas angústias e externamos nossa gratidão.

Por isso, antes de formular toda a metodologia por ele desenvolvida para a investigação das comunicações dos Espíritos com os Homens, Kardec apresenta as condições fundamentais para que os experimentadores, espíritas ou mesmo investigadores independentes, posicionem-se adequadamente frente a todos os princípios e leis que informam o fenômeno espiritual, sob pena de não obterem sucesso na sua empreitada. Na Primeira Parte de *O Livro dos Médiuns*, Kardec pondera:

> Mas até onde vai a crença do Espiritismo, perguntarão. Lede e observai, que o sabereis. A aquisição de qualquer ciência exige tempo e estudo. Ora, o Espiritismo, que toca nas mais graves questões da Filosofia, em todos os setores da ordem social, que abrange ao mesmo tempo o homem físico e o homem moral, é, em si mesmo, toda uma Ciência,

toda uma Filosofia, que não podem ser adquiridas em apenas algumas horas.

E, quando não se tem tempo para aprender uma coisa, não se pode falar dela, e menos ainda julgá-la, se não quiser ser acusado de leviandade. Ora, quanto mais elevada é a posição que se ocupe na Ciência, menos desculpável será tratar-se levianamente um assunto que não se conhece.

Quanto ao *Método*, Kardec deixa patente que o objetivo daquela obra é facilitar a tarefa daqueles que desejarem estabelecer comunicações com os Espíritos, não apenas para fazer prosélitos, mas com a finalidade de se obterem instruções úteis para a vida moral de todos os envolvidos, encarnados e desencarnados. Por isso, sua preocupação imediata é apontar o caminho mais seguro para esse intento, eliminando os obstáculos e poupando esforços inúteis.

Como toda Ciência e Filosofia, a metodologia é parte integrante da Doutrina Espírita, por isso, conforme destaca o seu organizador, quem desejar conhecê-la deve submeter-se a um estudo sério e persuadir-se de que, mais do que qualquer outra ciência, não se pode aprendê-la brincando. Não se pode tratar das questões espíritas como trivialidades, simplesmente porque ela cuida das questões mais graves do ser humano, dos dramas existenciais, material e socialmente inexplicáveis e, principalmente, esclarece o que acontece quando morremos. O medo da morte é a causa de todo o egoísmo e, por isso, o convencimento da preexistência e transmigração das Almas de corpo-em-corpo, acaba com o materialismo e, assim também, com o medo da morte, tornando o indivíduo menos egoísta e, com isso, também a sociedade, as nações e a humanidade como um todo.

Destaca o cientista Kardec que, como o objeto a ser investigado não se encontra no universo material, nem tampouco no campo das inteligências ainda irracionais, mas, sim, trata-se de um ser já dotado de vontade livre, consciente de si e do outro, as condições experimentais ideais não são alcançadas apenas mediante uma disposição física e intelectual, mas, sobretudo, o seu sucesso encontra-se na dependência direta das disposições morais de todos os envolvidos, tanto os Espíritos encarnados quanto, sobretudo, os desencarnados.

A grande maioria das expectativas frustradas nas experimentações junto dos Espíritos deve-se exclusivamente à leviandade com que são organizadas e praticadas, pois se dão com desprezo ao domínio teórico das leis e princípios que informam os fenômenos, bem como das condições Éticas fundamentais. Toda experiência com Espíritos é, antes de tudo, uma reunião de seres livres tentando estabelecer contato com outros seres livres, influenciados por suas virtudes e pelos vícios adquiridos nos evos da sua evolução moral, a determinarem o seu campo de sentimentos e, pois, o seu estado consciencional.

Permitam-me uma especulação sobre um possível mecanismo da comunicação espiritual apenas como exercício teórico e em analogia com os conhecimentos da física quântica, pois, embora não tenhamos ainda condições de aferir instrumentalmente que o pensamento percorre o espaço tendo como veículo o Fluido Cósmico Universal, assim como o som o faz por meio do ar, como revelado pelos Espíritos, entretanto, como os primeiros experimentos com a projeção de partículas quânticas acima da velocidade da luz parecem já ter sido comprovados, este fato pode nos autorizar um exercício filosófico.

A teoria da "supercorda" pleiteia, como elemento material essencial do Universo, um filamento de energia que vibra como as cordas de um violino, e que, de acordo com a frequência vibratória, constituiria as diversas formas e estados da matéria, conforme fala Brian Greene em seu livro *Universo Elegante*. Se, como já demonstrado experimentalmente, o "observador" afeta a frequência vibratória dessas partículas, fácil é compreender como o Espírito organiza o seu perispírito, imprimindo sua vontade para produzir um campo de ondas de determinada frequência, sustentando-o como parte de seu próprio ser.

Essa vontade produtora de sentimentos e, pois, de pensamentos, ao desejar ser transmitida, organiza um campo de ondas de frequências específicas, gerando as imagens que lhe reproduzam o que sente, as quais serão sintonizadas e percebidas por outros Espíritos que se encontrem no mesmo estado sentimental, realizando a comunicação daquele pensamento e, pois, do sentimento. Quando o Espírito receptor encontra-se encarnado, ele é chamado de médium, exatamente por ser o intermediário dessa comunicação.

A filosofia da linguagem e a filosofia da mente estudam quais seriam os mecanismos de formação dos pensamentos, sendo que a corrente que mais se aproxima das revelações espíritas é a imagética. Segundo os Espíritos, o pensamento se forma por imagens, e estas são transmitidas no fenômeno de comunicação espiritual. Embora, em *O Livro dos Espíritos,* o pensamento seja apresentado como um atributo essencial do Espírito, em *O Livro dos Médiuns* há a seguinte afirmação: "O pensamento, que não é outro senão o próprio Espírito encarnado em nós, está unido ao corpo pelo perispírito".

Desta forma, deslocando-se à velocidade do pensamento, o Espírito está onde está o seu sentimento, e, como vimos, é o sentimento quem modifica o campo de ondas perispirituais, refletindo o próprio estado espiritual. Este processo cria imagens as quais são refletidas no campo perispiritual próprio, o que fez com que alguns médiuns videntes o representassem mediante analogia com os equipamentos de projeção de imagens já desenvolvidos pela tecnologia da Terra, criando o termo tela "mental". Não seria de surpreender que a tecnologia de projeção de imagens em 3D por hologramas, já em franco desenvolvimento na Terra, seja um pálido espelho dessa técnica desenvolvida pelo Espírito para comunicação do seu pensamento.

A comunicação espiritual é, portanto, um fenômeno do campo da física, cuja faculdade é desenvolvida pelo Espírito em sua trajetória evolutiva. Por isso, Kardec deixou claro que ela não guarda qualquer relação com a moralidade, uma vez tratar-se de uma capacidade meramente intelectual. No entanto, a proficuidade de sua prática encontra-se em relação direta com a moralização dos envolvidos, encarnados e desencarnados, uma vez que são os sentimentos que determinam nossas relações. Não é isso, aliás, que fala Jesus: "Onde está o seu tesouro, ali também está o seu coração?"

Quando desencarnados os Espíritos, esta comunicação dá-se espontânea e naturalmente. No entanto, quando se encontra encarnado, porque o sentido interno é prejudicado pelos sentidos externos necessários à sobrevivência e à vida de relação, aquela modalidade de comunicação fica prejudicada a ponto de quase ser imperceptível pela maioria das pessoas. Diz-se quase, porque, ainda que de forma não consciente, remanesce a modalidade de comunicação mental do Espírito encarnado com o seu Protetor, de modo a que o sexto sentido no encarnado nunca é anulado totalmente.

Quando encarnada, quanto mais facilidade tem a Alma de obter sua emancipação em relação ao corpo, mais facilidade mediúnica ela apresentará. Essa facilidade o Espírito adquire pelo exercício das tentativas de emancipação parcial em relação ao corpo, em inumeráveis reencarnações, como afirmam os Espíritos Santo Agostinho e São Luís, na resposta 495 de *O Livro dos Espíritos*, desenvolvendo a já referida mediunidade mental, base sobre a qual se desenvolvem e se especializam as demais modalidades mediúnicas.

As dificuldades de se obterem comunicações com Espíritos mais elevados dá-se em virtude de, tendo eles vencido suas paixões, moralizaram os seus sentimentos e, com isso, tornaram mais sutil a matéria com a qual compõem os seus corpos espirituais. A elevação dos sentimentos imprime, nas partículas que constituem os seus organismos fluídicos, uma força vibratória que gera ondas dificilmente sintonizadas por Espíritos encarnados, e ainda mais impossíveis de serem mensuradas pelos instrumentos de medição eletrônica já desenvolvidos pela tecnologia terrena.

O mesmo não ocorre com os Espíritos cuja elevação dos sentimentos se encontram mais próximos do estado conservado pelos encarnados. O que a maioria das pessoas ainda não se deu conta é que, como afirma Kardec, todos os seres humanos são médiuns, embora tecnicamente, em *O Livro dos Médiuns* ele utilize essa definição apenas para aquelas pessoas que conseguem traduzir, em linguagem escrita ou falada, a comunicação dos Espíritos, ou, ainda, aquelas que realizam fenômenos de efeitos físicos.

No entanto, o ensino de Kardec quanto à modalidade de comunicação espiritual denominada "mediunidade mental" é bastante significativo, pois é sobre esta que se estabelecem as relações entre o encarnado e o seu Espírito Protetor, além de ser a base para o desenvolvimento das outras especialidades mediúnicas.

Uma lei da natureza, no entanto, determina que um fenômeno particular deve, necessariamente, estar contido num outro fenômeno universal que lhe determine o gênero. Pois bem, uma vez que a comunicação espiritual é regulada por uma lei natural, e, sendo o Espírito protetor, necessariamente, um Espírito mais elevado que o seu protegido a fim de que o possa guiar, já que, como lembra Jesus: "um cego não pode conduzir outro, senão cairão ambos no buraco", todos os Espíritos encarnados são dotados da mediunidade mental que lhes permite dialogar com um Espírito que lhes é superior, o seu Protetor.

Por conseguinte, de acordo com aquela lei natural que mostra o particular contido no universal, "quem pode o mais, pode o menos", e, assim, podendo todos os seres humanos se comunicar com seus Espíritos Protetores, todos são igualmente capazes de se relacionar mentalmente com Espíritos de sentimentos idênticos aos seus ou, ainda, inferiores, uma vez que idênticas são as ondas perispirituais, o que determina a imediata assimilação e sintonia.

Mas, então, por que é que pouquíssimas pessoas conseguem identificar, em seu estado "mental", essas comunicações cotidianamente estabelecidas com os Espíritos que se acotovelam ao nosso redor? Simplesmente porque não conhecem a si mesmas, responde Kardec, pois, se dominassem o conhecimento de si, constatariam que esse constante assédio mental é cotidianamente suportado por todos os encarnados. Estes fenômenos denominados por ele estados obsessivos, quando persistentes no tempo, provocam as diversas moléstias da Alma, atualmente descritas como transtornos comportamentais. Uma vez prolongada no tempo, esta simbiose de sentimentos provoca moléstias perispirituais, com seus inevitáveis reflexos no corpo físico dos encarnados, na forma das diversas patologias fisiológicas.

Por isso, entre os diversos obstáculos enfrentados na prática da comunicação espiritual o mais frequente é a obsessão. Como Kardec esclarece na

Revista Espírita, dezembro de 1962, *Estudo sobre os possessos de Morzine*, quando um Espírito adversário quer dominar outro, impõe sobre ele sua vontade e impede a expansão do seu campo perispiritual, bloqueando, consequentemente, a comunicação com o seu Espírito Protetor.

Por isso, a boa vontade é destacada por Kardec nos processos de elevação espiritual, o que implica na busca pela adequação do indivíduo aos mais elevados princípios morais, a fim de que possa sintonizar sentimentos mais elevados e superar o seu rebaixado nível de relacionamento. Em virtude do estágio evolutivo Moral do nosso Planeta, embora não seja exclusividade das religiões, raramente se encontram sentimentos altruístas mais elevados fora do campo do verdadeiro sentimento religioso.

Portanto, assim como os Espíritos encarnados de bom senso, ao estabelecerem suas relações sociais, familiares, religiosas e comerciais, o fazem com zelo e prudência, na escolha de seus parceiros, porque não deveriam também assim agir os Homens ao tentarem estabelecer relações com outros Espíritos desencarnados? Só as pessoas levianas e irresponsáveis se relacionam com desconhecidos, pois seus intentos também não são ética e moralmente determinados. Assim são os médiuns e, portanto, os resultados do exercício das suas faculdades são compatíveis com as boas ou más disposições que estabeleçam.

Por isso, adverte Kardec os médiuns e os experimentadores:

No Espiritismo, a questão dos Espíritos está em segundo lugar, não constituindo o seu ponto de partida. E é esse, precisamente, o erro em que se cai e que acarreta o fracasso de certas pessoas. Sendo os Espíritos simplesmente as almas dos homens, o verdadeiro ponto de partida é então a existência da alma. Como pode o materialista admitir a existência de seres que vivem fora do mundo material, quando ele mesmo se considera apenas material? Como pode crer na existência de Espíritos ao seu redor, se não admite o seu próprio Espírito? Em vão se amontoarão aos seus olhos as provas mais palpáveis. Ele contestará a todas elas, porque não admite o princípio.

A honestidade de Kardec foi determinante para estabelecer o Espiritismo como uma verdadeira Ciência e Filosofia. Qual o fiel que, desejando convencer adversários e fazer novos adeptos, começa uma exposição exatamente desprezando o objeto de sua devoção? Pois bem, é exatamente isso que Kardec faz, pois, ao contrário do que se poderia pensar, ele não é um devoto do Espírito, mas, sim, da Verdade, e a comprovação da existência, sobrevivência e reencarnação dos Espíritos é só o caminho para a Verdade. Por isso, sua metodologia coloca o objeto da investigação em segundo lugar, privilegiando o próprio método em si mesmo.

Como excelente pedagogo, o filósofo Allan Kardec valeu-se também da dialética como o princípio fundamental na organização das suas obras. Ela teve início na forma de perguntas e respostas tal como foi elaborado *O Livro dos Espíritos* e continua em *O Livro dos Médiuns*. Neste, ao contrário do que se poderia pensar, o professor não destaca os fenômenos como a forma mais eficiente de convencimento dos céticos, uma vez que, segundo ele, pessoas há que os fatos espirituais mais evidentes não convenceram, ao passo que a lógica e o domínio dos princípios e leis foram suficientes para fazer os mais fiéis divulgadores, porque alcançaram, pelo bom senso, sua Verdade.

Assim, por se tratar da exposição de uma nova Ciência, Kardec apresenta todos os passos e as condições necessárias para a reprodução do fenômeno mediúnico. No entanto, por se tratar também de uma obra da filosofia e da ciência espírita universal, embora tenha sido originalmente apresentada como continuação a *O Livro dos Espíritos*, ele fornece novamente em *O Livro dos Médiuns* toda a base científica e filosófica que informam as nossas relações espirituais com os desencarnados.

Por fim, destacando que a obra visa não apenas garantir a eficácia das experiências, mas, sobretudo, os seus efeitos Éticos, pois, como todas as relações humanas, as comunicações mediúnicas são estabelecidas sobre a identidade dos sentimentos envolvidos, Kardec ressalta que a elevação desses sentimentos é determinada pela maior ou menor adequação das posturas no cotidiano existencial de todos, encarnados e desencarnados, frente ao exemplo de Jesus, o paradigma ideal, pois sua Moral é universal.

Desta forma, embora Kardec reconheça que o Espiritismo não detém a primazia sobre o conhecimento da reencarnação, no entanto, identificando Jesus como o Espírito que exemplificou a Moral mais pura na Terra e o modelo de existência reencarnada, mostra o verdadeiro sentido da Religião Cristã.

Outrossim, ao esclarecer a mediunidade, ele fundou uma nova modalidade de Ciência, a Ciência do Espírito, e comprovou, pela primeira vez na história da humanidade, a realidade da influência dos Espíritos desencarnados sobre o pensamento, palavras e atos dos Homens, Espíritos encarnados. Este conhecimento mostra a primazia e constitui o caráter original do Espiritismo, pois, ao comprovar a reencarnação e demonstrar o mais absoluto intercâmbio de sentimentos e de pensamentos entre os Espíritos e os Homens, Kardec esclareceu as causas e as consequências do nosso mundo Moral.

Capítulo 7

O TEÓLOGO RACIONAL

"Fé inabalável só o é a que pode encarar de frente a razão, em todas as épocas da Humanidade."

COMO LEMBREI NO final do capítulo anterior, a filosofia da reencarnação não é um conhecimento original, nem tampouco exclusivo do Espiritismo, uma vez que é ensinada no Oriente, pelo hinduísmo, há mais de 8.000 anos, pelo budismo desde o século VIII a.C., e no Ocidente, pela filosofia clássica grega, que a hauriu na Índia, desde o século VI a.C., como revela a escola pré-socrática de Pitágoras.

No entanto, sua mais elevada finalidade e aplicação, a saber, a modificação dos sentimentos e, pois, a moralização do Homem até alcançar a máxima Liberdade com o atendimento pleno da Lei de

Amor, é um conhecimento original e genuinamente oferecido pelo Espiritismo no Ocidente a partir do século XIX, para o qual Kardec desempenhou papel fundamental.

Na obra primeira do Espiritismo, *O Livro dos Espíritos*, o seu organizador apresenta os princípios e fundamentos da nova doutrina, assim como sua finalidade, os quais foram dispostos nos seus quatro livros, a saber: *Das Causas Primárias* (Deus e o Universo); *Do Mundo dos Espíritos* (Origem, natureza e destinação dos Seres inteligentes); *Das Leis Morais* (Vida de relação das Criaturas entre si e com o Criador); *Das Esperanças e Consolações* (Consequências do uso da Liberdade nas sucessivas existências). Este é, em seus princípios gerais, o conteúdo da Filosofia e da Ciência Espírita.

Após a publicação da segunda obra espírita, *O Livro dos Médiuns*, organizado para exposição de toda a metodologia científica e com toda a fundamentação heurística para se obter eficiência e domínio pleno das comunicações com Espíritos, uma verdadeira Ciência para investigação dos fenômenos físicos e intelectuais produzidos pelo Ser transcendente, Kardec apresentou *O Evangelho Segundo o Espiritismo*, o texto fundamental da Ética Espírita.

Nesta obra, são esclarecidos diretamente pelos Espíritos, e, subsidiariamente, pelo próprio Kardec, as máximas universais e os mais elevados princípios de moralidade já trazidos para a Humanidade, mediante a *Explicação das Máximas Morais do Cristo em Concordância com o Espiritismo e Suas Aplicações às Diversas Circunstâncias da Vida*, consolidando-se, portanto, esta obra do Espiritismo como sua essência Moral e, pois, o *Consolador* prometido por Jesus.

O texto de *O Evangelho Segundo o Espiritismo* foi, portanto, a terceira obra organizada e publicada por Allan Kardec, recebendo dele todo um zelo e cuidado especiais, inclusive na escolha do seu título originário diverso do atual, *Imitação do Evangelho Segundo o Espiritismo*, exatamente para evitar qualquer confusão com os textos católicos. Nesta obra, tanto as leis quanto os princípios espirituais que regulam toda a vida Moral dos Homens eram totalmente esclarecidos pela reencarnação, portanto, os ensinamentos morais de Jesus exigiam uma exegese absolutamente inédita diante daquele novo paradigma.

A filosofia da preexistência e transmigração das Almas, resgatada pelos Espíritos desde o pensamento de Sócrates e de Platão, apresentava-se diretamente contrária ao dogma "fora da Igreja, não há salvação". Consequentemente, o Espiritismo contestava todos os interesses dessa instituição, pelo simples fato de que, ciente da possibilidade de realizar, por si mesmo, sua "santificação", nenhum fiel necessitaria mais da intermediação daqueles que se autointitularam exclusivos representantes de Deus na Terra.

Entretanto, a filosofia da reencarnação nunca fora pleiteada por Kardec como originária do Espiritismo, mas, sim, como se pode ver da *Introdução* de *O Evangelho Segundo o Espiritismo*, este apenas confirmou a veracidade da Filosofia clássica grega. Destaque-se, outrossim, o fato de que a preexistência e transmigração das Almas era também a base da teologia de Orígenes de Alexandria e de Santo Agostinho no século IV d.C, dois pais fundadores da Igreja, e, portanto, fazia parte dos seus dogmas originais.

Segundo alguns historiadores, foi somente no século VI, depois do segundo Concílio de Constantinopla, que a reencarnação foi recusada pela ortodoxia Católica. Embora nunca tivesse desaparecido completamente do interior de algumas filosofias particulares, somente muito tempo depois, no início do século XIII, ocorreria uma tentativa de resgatá-la no seio de uma doutrina cristã organizada pelos Cátaros, no sul da França.

Esta comunidade cristã iniciou um movimento que pregava um modo de vida mais simples e uma prática religiosa mais natural, o que confrontava a ostentação ritualística e o poder da Igreja. O Catarismo era também reencarnacionista e por isso foi decretado herege, tendo sido violentamente dizimado pela Cruzada Albigense, a primeira guerra armada promovida pelo Papado contra aquele que é considerado o principal movimento religioso da Idade Média a enfrentar a fúria da Igreja.

Não bastasse ser contrária aos interesses particulares da Igreja, a filosofia da reencarnação perdeu completamente sua força desde que Santo Tomás de Aquino introduziu, a partir daquele mesmo século XIII d.C., o modelo aristotélico para o conhecimento de Deus e do Espírito, abandonando-se completamente o modelo platônico adotado por Orígenes de Alexandria e Santo Agostinho nos séculos II e IV d.C.

Com isso, em virtude do caráter salvacionista atribuído exclusivamente a Jesus Cristo e, consequentemente, a si mesma, na medida em que se erigira como sua única representante na Terra, a Igreja Católica baniu a reencarnação da sua ortodoxia oficial, combatendo-se a filosofia de Sócrates e Platão não apenas através de argumentos, mas, como a história da Inquisição atesta, por todos os mais engenhosos e criativos meios de se causar dor e impor o terror.

Embora Santo Agostinho fosse reencarnacionista, pois compreendia a Vida como uma sequência ininterrupta de "regressos para progressos", tal como se vê de sua obra *Confissões*, nem mesmo a Ordem fundada na Itália em seu nome no século XII d.C. resgatara o seu principal pensamento, a filosofia por ele haurida do neoplatonismo, segundo a qual, as Almas trazem, para a experiência física, as ideias puras adquiridas no mundo das formas perfeitas, o mundo dos Espíritos, como recursos inatos para uso das suas faculdades racionais.

Como se vê das suas *Confissões*, para Santo Agostinho tudo o que o Ser racional faz ou deixa de fazer é no sentido de buscar pela Felicidade, pois, no momento de sua Criação, esteve junto de Deus, gozando a Perfeita Felicidade. Ele desenvolveu, assim, uma Teologia Cristã Idealista, tendo na figura de Jesus o modelo perfeito a ser seguido por todo aquele que objetive a Salvação. Os germens e, pois, as potencialidades para uma tal realização, toda Criatura já os teria recebido de Deus no momento de sua Criação, constituindo desta forma a sua doutrina da Graça.

Naquela mesma obra, Santo Agostinho amolda o conhecimento sobre a reencarnação trazido por Sócrates e Platão à filosofia Moral de Jesus. No entanto, enquanto para aqueles dois pagãos o autoconhecimento era a chave para a Ética e, pois, para o mundo ideal onde estava o conhecimento perfeito "dos deuses e do universo", conforme o princípio consagrado no templo de Delphos, para Santo Agostinho o conhecimento de Deus seria possível apenas pela Fé. A salvação, portanto, dar-se-ia mediante adoção, pela Fé, do exemplo de Jesus, em inúmeras experiências "deste lado de cá do Universo, em regressos para progressos."

Santo Tomás de Aquino (séc. XIII d.C.) era da Ordem Dominicana e, portanto, formado também sob a influência de Santo Agostinho (séc. IV. d.C.). No entanto, quando da invasão da Europa pelos árabes, ele teve acesso às obras de Aristóteles, então trazidas pelos filósofos mouros, tais como Averrois e Avicena. Debateu com estes a filosofia do conhecimento e adotou o sistema do filósofo grego, para o qual, além do conteúdo inato, como defendia seu mestre Platão, as Almas também são capazes de adquirir a Ciência pela experiência do Homem na realidade objetiva do mundo. Tomás de Aquino desenvolveu, portanto, uma Teologia Natural, enquanto Santo Agostinho, uma Teologia Ideal.

Vale lembrar que, contrariamente à interpretação que lhes dão os seus comentadores contemporâneos, Aristóteles não combateu diretamente a reencarnação como um sistema explicativo para as potências cognitivas da Alma, tal como a entendia seu mestre Platão. Somente não a reconheceu como a única fonte do verdadeiro conhecimento. Numa discussão com Platão, Aristóteles desenvolveu uma teoria onde pleiteia a existência de duas fontes para o conhecimento, sendo a primeira delas semelhante às próprias ideias de Platão, as categorias, ou seja, os recursos inatos trazidos diretamente pela Alma ao reencarnar, e a segunda fonte seriam as experiências no mundo objetivo.

Como leitor de Aristóteles, Santo Tomás, que

era formado pela Ordem de São Domingos de Gusmão, o qual, no século anterior, combatera os Cátaros e a tentativa de se trazer novamente a doutrina da reencarnação para o seio do cristianismo, num equívoco que iria marcar toda a Teologia e a Filosofia da Idade Média, Tomás de Aquino, desprezando a fonte original das categorias aristotélicas, ou seja, a filosofia platônica sobre a preexistência e transmigração das Almas, impediu o avanço da filosofia do conhecimento, ao mesmo tempo em que contribuiu, de forma definitiva, para criar a ortodoxia Católica contrária à reencarnação.

Entretanto, esse domínio que, até o momento da guerra contra os Cátaros, ficava apenas no campo teórico passou a ser imposto por meio do dogma "fora da Igreja não há salvação" e mediante o uso irracional da força, fornecendo o material teórico mais utilizado pelo Tribunal do Santo Ofício, a Santa Inquisição, inaugurada exatamente na Guerra contra os Cátaros Albigenses e continuada por mais de seis séculos.

Embora não se possa atribuir, sem risco de leviandade, a Tomás de Aquino a responsabilidade pela doutrina do terror adotada pela Igreja no final da Idade Média e começo da Idade Moderna, com as consequentes atrocidades praticadas por seus prelados, supostamente para sustentação da fé, o que é certo, entretanto, é que a escolástica Tomista deu toda a munição que a iniquidade dos Espíritos das Trevas necessitavam para o estabelecimento e a conservação de um domínio conquistado a ferro e fogo pela Igreja.

As consequências atuais dessa doutrina de existência única para todos os filhos de Deus pode ser vista na *Declaração "Dominus Iesus" Sobre a Unicidade e a Universalidade Salvífica de Jesus Cristo e da Igreja*, de autoria do Cardeal Joseph Ratzinger, o atual Papa emérito, proferida quando era ainda o prefeito da *Congregação Para a Doutrina da Fé*, para o qual essa doutrina existe desde o *Concílio de Constantinopla*.

Segundo o Cardeal Ratzinger, o qual foi o doutrinador oficial da Igreja desde o pontificado de João Paulo II, a Santa Sé teria adquirido essa exclusividade da salvação das Almas "por ser unida de modo inseparável a Jesus Cristo". Por isso, a Igreja se sente autorizada a realizar todos os atos necessários para que os "representantes" de Deus na Terra conduzam o Seu rebanho de volta até Ele.

Este era também o argumento da Santa Inquisição, e é sintomático o fato de que, embora o Tribunal do Santo Ofício tivesse sido oficialmente abolido em todo os países de influência Católica, na Itália ele apenas mudou de nome, sendo conhecido atualmente, exatamente, como a *Congregação Para a Doutrina da Fé*. Assim, embora a Santa Inquisição tenha acabado em Portugal e Espanha, por imposição de Napoleão Bonaparte, ao final do século XIX, começo do século XX, na Itália ela nunca terminou, pois suas funções foram transferidas para esta *Congregação*.

Outras possibilidades de salvação só muito recentemente foram admitidas, como o Cardeal Ratzinger confessa naquele texto:

A Igreja, ao longo dos séculos, proclamou e testemunhou com fidelidade o Evangelho de Jesus. Ao terminar o segundo milénio, porém, esta missão ainda está longe de se cumprir. Daí a grande actualidade do grito do Apóstolo Paulo sobre o dever missionário de todo o baptizado: "Anunciar o Evangelho não é para mim um título de glória, é uma obrigação que me foi imposta. Ai de mim se não anunciar o Evangelho!" (1 Cor 9,16). Assim se explica a especial atenção que o Magistério tem posto na motivação e apoio da missão evangelizadora da Igreja, nomeadamente no que diz respeito às tradições religiosas do mundo.

A Igreja Católica não rejeita absolutamente nada daquilo que há de verdadeiro e santo nessas religiões. Considera, com sincero respeito, esses modos de agir e de viver, esses preceitos e doutrinas que, embora em muitos pontos estejam em discordância com aquilo que ela afirma e ensina, muitas vezes reflectem um raio daquela Verdade que ilumina todos os homens.

Assim, se não se pode atribuir a uma única cabeça o lema "Fora da Igreja não há salvação", é um fato, entretanto, que ele perdurou também nos últimos seis séculos, sustentado pelo império do terror imposto pela Santa Inquisição, não se podendo negar que a Ordem dos Dominicanos, à qual Tomás de Aquino pertenceu, foi a principal responsável por fornecer a estrutura teológica, jurídica e filosófica para a Inquisição e, consequentemente, a manutenção da ignorância desde a mais alta Idade Média até o final do século XIX.

Com Descartes e a Renascença, o Homem passou a ser considerado tanto um Ser divino, aquele que pensa, o Espírito, quanto um Ser natural, o seu corpo. Desse racionalismo, surgiu o movimento filosófico que passaria a oferecer resistência aos dogmas da Igreja, o *Iluminismo*. No entanto, o domínio conquistado pela Santa Sé desde o século IV d.C. com o Édito de Tessalônia, quando o imperador Teodósio estabeleceu a hegemonia da religião cristã em todo o Império Romano, não seria tão facilmente abandonado, pois isso representava um enorme poder sobre todas os povos. A Santa Inquisição deixou isso bem claro nos seiscentos anos em que sufocou com o terror qualquer ideia divergente daquela sua máxima: *Fora da Igreja não há salvação.*

A Reforma Protestante provocou uma fragmentação na Igreja e mostrou a necessidade do escândalo, previsto por Jesus, no seio do próprio cristianismo. Os conflitos entre católicos e protestantes que se seguiram por toda a Europa mostraram a triste verdade contida na sua afirmação: "Não julgueis que vim trazer paz à Terra; não vim trazer-lhe a paz, mas a espada." (Mt, 10.34). Na cidade de Wiesbaden, na Alemanha, familiares católicos e protestantes guerrearam por mais de trinta anos instigados pelas divergências doutrinárias provocadas pela Reforma de Lutero, num conflito que ficou conhecido como a "Guerra dos Trinta Anos". Na França, é famoso o episódio da "Noite de São Bartolomeu", quando os católicos, estimulados pela imperatriz Catarina de Medici, massacraram milhares de protestantes.

Portanto, os tristes frutos das contendas teológico-filosóficas, produzidos pelos representantes das Igrejas Católica e Protestante, bem como a violência que esses conflitos provocavam nos séculos que antecederam o advento do Espiritismo, justificavam toda a prudência de Kardec ao tratar do Evangelho. Os esclarecimentos dos Espíritos resgatavam as luzes fundamentais trazidas por Jesus, iluminando, em definitivo, toda a sua Moral, especialmente o princípio da reencarnação, originariamente ensinado para um povo dele plenamente informado, como o Mestre destacou em seu diálogo com Nicodemos, ao lembrá-lo da necessidade de se nascer de novo.

Assim, antes de publicar a verdadeira Moral do Cristo em *O Evangelho Segundo o Espiritismo*, como ela fora trazida pelas revelações dos Espíritos, a honestidade e a responsabilidade de Kardec como pedagogo exigiam que todo o conteúdo deveria ser submetido ao mais intransigente crivo da Razão, como determinavam os princípios do movimento filosófico imperante naquele momento da História, o Positivismo, uma vertente filosófica do Racionalismo, inaugurado por René Descartes, e que consolidara a divisão nas investigações da fé e da razão vigente até os nossos dias.

Deste modo de proceder de Kardec, que visava tão somente a Verdade, e, no entanto, também nada menos que a Verdade, surgiria o mais elevado princípio filosófico-religioso, o qual fora inscrito na página de rosto daquela que seria a obra mais importante já trazida à humanidade nos últimos dois milênios, *O Evangelho Segundo o Espiritismo:*

> Somente a fé que se baseia na verdade garante o futuro, porque nada tem a temer do progresso das luzes, dado que o que é verdadeiro na obscuridade também o é à luz meridiana.

Sem dúvida, a fé não se prescreve, nem, o que é ainda mais certo, impõe-se. Não; ela se adquire, e ninguém há que esteja impedido de possuí-la, mesmo entre os mais refratários.

A fé raciocinada, por se apoiar nos fatos e na lógica, nenhuma obscuridade deixa. A criatura então crê, porque tem certeza, e ninguém tem certeza senão porque compreendeu. Eis por que não se dobra.

Fé inabalável só o é a que pode encarar frente a frente a razão, em todas as épocas da Humanidade.

A esse resultado conduz o Espiritismo, pelo que triunfa da incredulidade, sempre que não encontra oposição sistemática e interessada.

Esta é, em termos de organização de uma doutrina religiosa, a mais inovadora e ousada afirmação: a necessidade da *fé racional*. Esta é a mais significativa fundamentação heurística, a postura investigativa mais inovadora para afirmação da verdadeira fé, a qual, diante da Razão, nada tem a temer. No entanto, essa postura de Kardec, embora autêntica em termos de fundamentação religiosa, não é originária do seu pensamento, e, contudo, é plenamente fiel à recomendação de Jesus: *E conhecereis a Verdade e a Verdade vos libertará*.

Por isso, na investigação do conceito de fé racional, mais uma vez devemos buscar o concurso da história da filosofia, pois, como atesta J. Herculano Pires em seu livro *O Espírito e o Tempo*, ele remonta à Idade Média:

> O drama da razão na Idade Média empolga pelos seus lances heroicos, mas, ao mesmo tempo, assusta, pelo trágico de seus episódios cruéis. Abelardo é uma das figuras mais representativas, senão a própria encarnação desse drama. Em pleno século XI, aceitava a supremacia da fé, mas chegou a tentar uma explicação racional do dogma da Trindade, caindo na condenação de heresia."

E continua o nobre filósofo espírita brasileiro:

> Ao estudar o Renascimento, compreendemos o papel do racionalismo, na emancipação espiritual do homem, e o motivo por que o Espiritismo não pode abdicar de suas características racionalistas para realizar a sua missão emancipadora total.

De acordo com Herculano Pires, a missão do Espiritismo é contribuir para a total libertação do Espírito dos grilhões de uma fé dogmática, ou seja, da imposição, por qualquer doutrina, de que o seu pensamento é o único caminho para a salvação.

Assim, a exemplo do que ocorre com o conceito de *causa e efeito*, também o conceito de *fé racional* não é originário dos textos de Kardec, tendo resultado do esforço histórico da Filosofia desde a alta Idade Média, iniciando com o francês Pedro Abelardo, passando por Tomás de Aquino, até ser coroado por Immanuel Kant.

Este último filósofo, na busca por demonstrar a ideia de *liberdade prática*, ou seja, da realização da *autonomia da vontade* no mundo, portanto, antecipando a finalidade do Espiritismo, encontra, no conceito de *sumo bem*, o único fim absolutamente desinteressado que pode servir de objeto para uma *vontade* totalmente livre. Segundo ele, nada no mundo pode ser considerado bom em si mesmo, senão uma *boa vontade* e, como todo o agir humano é determinado por uma finalidade, um fim último para essa vontade só poderia ser o *sumo bem*.

Ocorre que, embora vise a *liberdade*, todo ente racional é igualmente um ser imerso na realidade do mundo, e, assim, a ideia de *felicidade* constitui para ele uma finalidade natural. Desta forma, como seria possível conciliar-se um fim absolutamente autônomo, a *liberdade*, e, ao mesmo tempo, atender às suas aspirações de *felicidade?* De acordo com Kant, somente o conceito de *Sumo Bem* pode atender a esse duplo objetivo, pois, nele, já estão embutidas as ideias de *Virtude* e de *Felicidade*.

Para o filósofo alemão, *Virtude* é a firme determinação da *vontade* no sentido do *Dever*. Ora, o *Dever* de todo ente racional está inscrito na *Lei Moral*, cuja representação é a do *imperativo categórico:"age de modo tal que uses a humanidade tanto na tua pessoa quanto na de qualquer outro, unicamente como fim e não somente como meio"*. Quando afirmo a minha *vontade* em ações que atendem à determinação dessa lei, posso me considerar uma pessoa virtuosa e, com isso, adquirir o direito à *felicidade*. É o que ele ensina em sua *Crítica da Razão Prática:*

> No Sumo Bem, que para nós é prático, isto é, efetivamente realizável por nossa vontade, virtude e felicidade são pensadas como necessariamente vinculadas, de sorte que uma não pode ser admitida pela razão prática pura sem que a outra também lhe pertença.

Entretanto, por ser um ente movido tanto pelas afecções dos *sentidos* quanto pela aspiração de *liberdade*, o Homem é um ser dividido entre as suas *tendências* e *inclinações* e o *Dever*. Por sua vez, a aspiração de felicidade é também uma tendência natural do ser humano e, assim, embora ninguém o obrigue a buscá-la, ele o faz espontaneamente. No entanto, qual seria para Kant o conceito de *felicidade?* É o próprio Kant quem responde na sua obra *Fundamentação da Metafísica dos Costumes – Doutrina da Virtude:*

Mas, infelizmente, o conceito de felicidade é tão indeterminado que, se bem que todo o homem a deseje alcançar, ele nunca pode dizer ao certo e, de acordo consigo mesmo, o que é que propriamente deseja e quer. A causa disto é que todos os elementos que pertencem ao conceito de felicidade são, na sua totalidade, empíricos, quer dizer, têm que ser tirados da experiência, e que, portanto, para a ideia de felicidade, é necessário um todo absoluto, um máximo de bem-estar, no meu estado presente e em todo o futuro. Ora, é impossível que um ser, mesmo o mais perspicaz e, simultaneamente, o mais poderoso, mas finito, possa fazer ideia exata daquilo que aqui quer propriamente. [...] Em resumo, não é capaz de determinar, segundo qualquer princípio e com plena segurança, o que é que verdadeiramente o faria feliz; para isso seria preciso a omnisciência.

Vê-se que, para o filósofo, um estado de *felicidade* exigiria um todo absoluto, a satisfação plena de todos os anseios da existência e um bem-estar máximo, tanto no presente como no futuro. Esta é, sem dúvida, uma condição inexequível, pois ninguém tem pleno conhecimento nem garantias sobre o seu estado futuro, inclusive porque nosso estado depende sempre do estado do outro, sempre sujeito ao seu próprio arbítrio. Portanto, para Kant, a felicidade plena só adviria de uma postura *virtuosa*, ou seja, da firme determinação da *vontade* no sentido do *Dever*.

Porque somos entes afetados, tanto pelas necessidades naturais quanto pelo sentido interno, especialmente em virtude da mui frequentemente exacerbada boa apreciação de si mesmos, somos portadores de vícios morais como o orgulho e a vaidade, frutos diretos do egoísmo, e, assim, a realização da *autonomia da vontade* no mundo exige uma incomum postura virtuosa. No entanto, porque igualmente dotados de uma *consciência moral* que nos impele para essa *liberdade*, somos também capazes de agir com *Virtude*, buscando pelo atendimento da *Lei Moral*. Nestes momentos, sentimos, em relação a nós mesmos, a mais elevada apreciação, pois, resistindo aos impulsos dos sentidos e do *instinto animal*, nossa estima moral se eleva e nos revela, perante os nossos próprios olhos e consideração, a dignidade da qual somos detentores como seres verdadeiramente capazes de liberdade.

Ao contrário, todas as vezes que sucumbimos aos impulsos das nossas tendências e inclinações, bem como aos impulsos dos vícios morais decorrentes do egoísmo, a *consciência da lei* nos acusa e nos sentimos humilhados por não conseguirmos atender ao nosso dever de *liberdade*. Kant atribui esse fato ao estado evolutivo da humanidade, distante ainda do de *santidade*. No entanto, o filósofo entende que o Homem já é capaz de adquirir uma postura *virtuosa*, mediante a afirmação da sua *vontade* em direção ao *Dever*. Segundo ele, ainda que não consiga agir com pleno atendimento do *imperativo categórico* e, assim, alcançar a plena *liberdade*, no entanto, a *boa vontade,* ou seja, a firme *disposição* neste sentido já lhe proporciona elevação da estima por si, por oferecer resistência aos seus vícios e tendências.

Não é outro o pensamento de Kardec ao analisar os benefícios do Espiritismo, tal como vemos nos seus comentários à pergunta 872 de *O Livro dos Espíritos:*

> Essa teoria da causa determinante dos nossos atos ressalta, com evidência, de todo o ensino que os Espíritos hão dado. Não só é sublime de moralidade, mas também, acrescentaremos, eleva o homem aos seus próprios olhos. Mostra-o livre de subtrair-se a um jugo obsessor, como livre é de fechar sua casa aos importunos. Ele deixa de ser simples máquina, atuando por efeito de uma impulsão independente da sua vontade, para ser um ente racional, que ouve, julga e escolhe livremente de dois conselhos um.

O avanço da doutrina Moral Espírita em relação à filosofia Moral de Immanuel Kant, entretanto, mostra-se com a afirmação da preexistência e da sobrevivência da Alma, a reencarnação, por experiências irrecusáveis realizadas por Kardec junto das Consciências desencarnadas. Foram as comunicações dos Espíritos que, ao revelarem a essência do corpo espiritual, que é sustentado integralmente pela consciência nos Espíritos desencarnados e, sobretudo, o natural e constante intercâmbio destes com os Homens pela via do pensamento, mostraram, sob plena luz do conhecimento empírico, a realidade da vida após a morte e do eterno retorno da Alma à sua condição existencial encarnada, fatos esses até então ignorados pela filosofia iluminista, da qual Kant é um ilustre representante.

Embora Kant não tivesse acesso às informações trazidas pelos Espíritos sobre a realidade da reencarnação, por ter vivido no século anterior a Kardec, no entanto, por mero exercício de lógica, ele concluiu que, se há que se falar em *conhecimento*, necessariamente há que se falar em *liberdade transcendental* para a faculdade do *entendimento*. Outrossim, se há que se falar em *liberdade transcendental*, como tudo na natureza age segundo leis, há que existir uma *lei* para aquela modalidade livre do agir intelectual, e tal é a *lei moral*. Como toda lei determina uma ação em conformidade com uma finalidade, esta seria o *Sumo Bem*, o mais elevado fim a que pode conquistar um ente racional, e esse estado conjugaria nele a *Virtude* e a *Felicidade*.

Da mesma forma, segundo Kant, a ideia de um estado em que um *Sumo Bem* seja possível pressupõe a existência de um *Sumo Criador*. Ora, a experiência do Homem no mundo não autoriza a dedução de que essa realidade seja dada na Terra, portanto, Kant pleiteia a sobrevivência da Alma como meio de realização da *Virtude* e, consequentemente, sua plena *felicidade*. Segundo ele, a comprovação histórica de que o Homem evolui em seu estado moral foi dada pelo sentimento de *entusiasmo* que permeou a Europa quando da Revolução Francesa, de sorte que, se o Homem avança moralmente, e, na Terra não há tempo para ele realizar plenamente a *virtude*, a *esperança* numa vida futura é, pois, uma dedução autorizada por uma *fé racional*.

Kardec, por sua vez, de posse das revelações trazidas pelos Espíritos, os quais nos informaram da total permanência da consciência e memória espiritual, assim como das leis e mecanismos que regulam a comunicação dos Espíritos com os Homens, sobretudo os princípios da reencarnação para cumprimento da *Lei do Progresso Espiritual*, pode realizar inquestionáveis experiências transcendentes e concluir, tal como Kant, que a fé verdadeira exige uma justificação racional para se consolidar como um inabalável impulso evolutivo Moral, gravando, para toda a humanidade, esta irretorquível máxima:

"Fé inabalável só o é a que pode encarar de frente a razão, em todas as épocas da Humanidade."

A autoridade do pensamento de Kardec manifesta nesta frase é atestada pela filosofia de Kant com antecedência de meio século. No final de sua jornada terrena, o filósofo alemão publicou um texto intitulado *A Religião Nos Limites da Simples Razão*, na qual ele estabelece os critérios para validação racional de uma postura religiosa, a qual, como buscarei demonstrar, é plenamente atendida pelo Espiritismo.

Com efeito, em continuação ao seu pensamento já apresentado na *Metafísica dos Costumes – Doutrina da Virtude*, Kant conclui agora na *Religião* que, embora a Moral não necessite de fim algum para determinar o reto agir, uma vez que é exclusivamente deste modo que ela pode nos dar a conhecer a verdadeira *liberdade* pelo cumprimento do *imperativo categórico*, no entanto, do agir com plena moralidade surgiria um fim inevitável que se revela na ideia de um *bem supremo no mundo*.

Esta ideia de um *bem supremo* contém, em si mesma, segundo o filósofo, tanto a noção de *dever* quanto a de *felicidade*, pois, enquanto ente racional, eu tenho o dever de ser livre e, alcançada essa condição de plena autonomia da vontade, a estima por mim se eleva perante o *tribunal da consciên-*

cia moral, alcançando o mais elevado respeito na consideração de mim mesmo enquanto *pessoa*. Este sentimento de autoestima elevada conduzirá, necessariamente, ao *amor próprio racional*, eliminando o sentimento patológico de *paixão por si*, pois, enquanto este é fruto da nossa condição de Ser no mundo, aquele é fruto exclusivo do Espírito que oferece resistência às paixões do instinto. Esta estima elevada por si é a *felicidade*.

É importante destacar que, embora Kant não adotasse a ideia platônica da transmigração das almas como forma de progresso do Espírito, defendia a evolução histórica da moralidade comprovada pelo sentimento de entusiasmo que permeou a Europa com o advento da revolução Francesa. Kardec, por sua vez, diante da comprovação inequívoca da preexistência e da reencarnação dos Espíritos, pelas manifestações dessas inteligências desencarnadas, pode defender a evolução moral do ser humano de uma forma categórica, tal como podemos ver neste trecho do capítulo VI, da Terceira Parte de *O Livro dos Espíritos:*

> Em estado rudimentar ou latente, todas as faculdades existem no homem. Desenvolvem-se, conforme lhes sejam mais ou menos favoráveis as circunstâncias. O desenvolvimento excessivo de umas detém ou neutraliza o das outras. A sobre-excitação dos instintos materiais abafa, por assim dizer, o senso

moral, como o desenvolvimento do senso moral enfraquece, pouco a pouco, as faculdades puramente animais.

Tanto Kardec quanto Kant entendem que o Homem é um ser em conflito, pois, embora já dotado de uma consciência do *Dever*, ele é afetado pelas tendências e inclinações inerentes à sua condição de Ser também no mundo. Para ambos, o sentimento moral é adquirido no transcurso da história de cada indivíduo, sendo que, para Kant, não adepto da filosofia reencarnacionista, a completude desse trabalho de autoburilamento moral dar-se-ia em um mundo distinto do mundo dos Homens, onde as almas completariam esse trabalho. Kardec, por sua vez, informado a respeito da transmigração das almas de corpo-em-corpo, compreendeu que a fortaleza do senso moral se dá pelo fortalecimento dos laços espirituais, na medida em que, a cada nova encarnação, mais distância conquista o Homem de sua origem animal.

De qualquer forma, para Kant, embora a noção de *moralidade*, enquanto condição de realização da *liberdade*, não esteja ligada em sua origem às questões religiosas, no entanto, a ideia de um *bem supremo no mundo* conduz, necessariamente, à ideia de um "ser superior, moral, santíssimo e omnipotente, o único que pode unir os dois elementos desse bem supremo [dever e felicidade]". A ideia de um Ser supremo, Deus, surgiria, então, como efeito da própria noção de moralidade, e não como causa desta. Esta é, basicamente, a noção de uma *religião racional*, constituída a partir de juízos reflexivos, e não por imposição de dogmas.

Ora, Kardec, ao defender a evolução do gênero humano em sua dupla constituição, Espírito e matéria, não apenas alinha o seu pensamento com o de Kant, mas, inclusive, ao demonstrar, pela experiência mediúnica, a realidade da preexistência e transmigração das almas de corpo-em-corpo, comprova o acerto daquela filosofia moral, e, principalmente, suas conclusões de que a Moral do Cristo, como uma forma de realização da Liberdade, prescindiria de qualquer dogma religioso para se impor como uma necessidade da Razão.

Ora, a Filosofia elevada do Mestre de Nazaré não foi em outro sentido senão o de recomendar o conhecimento da Verdade para a realização integral da Liberdade. Se Kant patenteou a capacidade humana de realização histórica da moralidade, Kardec evidenciou que, para além da mera história da moralidade no seio do gênero humano, cada indivíduo é capaz de realizar, em si mesmo, este caminho para a Liberdade, mostrando que a reencarnação é a Verdade para o ser humano, de modo que o Espiritismo de Kardec evidenciou as bases fundamentais para a realização plena do Espírito: a Lei do Progresso e a Reencarnação.

Naquela sua obra sobre a religião racional, Kant defende que, no campo das ciências, deve ser instituída uma *teologia filosófica*, a qual, "contanto que permaneça apenas dentro dos limites da mera razão e utilize, para confirmação e elucidação das suas teses, a história, os livros de todos os povos, inclusive a Bíblia, [...] deve ter plena liberdade para se estender até onde chegue a sua ciência".

Ora, o Espiritismo demonstra preencher completamente esses requisitos exigidos pelo filósofo alemão para se credenciar como uma verdadeira religião racional, uma vez que Kardec utilizou-se de todos os recursos históricos, religiosos e, sobretudo, das experiências mediúnicas por ele realizadas, as quais inauguraram uma nova ciência assente sobre a evidência do corpo espiritual, o perispírito, e a preservação integral do acervo de memória e de sentimentos do ser inteligente, consequentemente da permanência da Consciência e, pois, da responsabilidade moral do Espírito, apesar da extinção do corpo.

Portanto, a divisa sustentada por Kardec na frase com a qual abrimos este capítulo: *"Fé inabalável só o é a que pode encarar de frente a razão, em todas as épocas da Humanidade"*, evidencia a plena adequação do Espiritismo às exigências da filosofia kantiana sobre a religião, mostrando o acerto de Kardec ao apontar a doutrina dos Espíritos como o futuro das religiões, uma vez que é o próprio Kant quem afirma naquela mesma obra: "Uma religião que, sem hesitações, declara guerra à razão não se aguentará muito tempo, contra ela."

Quanto aos critérios filosóficos para validação do Espiritismo como uma religião racional, observamos que Kant, naquela mesma obra, *A Religião*, pleiteia que, embora os domínios da religião racional e da revelação estejam contidos num campo maior, que é o domínio da fé, e que o filósofo deve manter-se no domínio exclusivo da razão, deve-se considerar a revelação como um *"sistema histórico de conceitos morais e ver se este não remeterá para o mesmo sistema racional."*

Foi exatamente essa a postura filosófico-teológica de Kardec, o qual, diante das revelações dos Espíritos, conferiu um a um o conteúdo das comunicações, aferindo sua lógica e, pois, a racionalidade dos mesmos, tanto em relação com a história quanto, especialmente, sua não contradição com as evidências científicas de seu tempo. No entanto, a religião organizada por Kardec não apenas atende aos critérios filosóficos de Kant, mas, principalmente, supera-os, uma vez que, para além da mera justificação lógica, acrescenta-lhe o rigor de uma comprovação científica, legando, às diversas religiões e às ciências, toda a sua metodologia para uma investigação segura da realidade do Espírito e do seu corpo quântico, a qual foi integralmente exposta em *O Livro dos Médiuns.*

Ao comprovar a preexistência da Alma mediante experiências inequivocamente demonstradas, o Espiritismo supera todas as Filosofias, pois, além de evidenciar a realidade e a permanência do Espírito como uma Inteligência imperecível, mostrou a efetividade do seu corpo físico de matéria em estado quântico. Este é o veículo que lhe permite tanto a vida de relação com outros Espíritos desencarnados quanto se relacionar diretamente com os Homens mediante o acesso que têm à nossa vida de pensamentos e, consequentemente, nossos comportamentos como Espíritos encarnados.

Assim, o trabalho de Allan Kardec atende às exigências críticas de Kant para a fundação de uma Metafísica como Ciência, expondo todos os princípios e as leis, reguladores da mesma em *O Livro dos Espíritos*, e toda sua metodologia em *O Livro dos Médiuns*. Outrossim, provada a preexistência e a transmigração das Almas, o Princípio e a Finalidade do Universo e da Vida ficaram esclarecidos, a saber, a perfectibilidade dos Seres Inteligentes assim como sumamente perfeito é o Criador, tal como exposto por Kardec em *A Gênese*.

No entanto, poder-se-ia objetar que não foi revelada com precisão a substância do Espírito e do Criador e que, portanto, a revelação Espírita é incompleta. Essa objeção é correta e, como esclareceram os próprios Espíritos, dá-se exclusivamente em virtude da insuficiência das referências teóricas e lexical da Humanidade para essa compreensão, o que, ao contrário de ser uma deficiência do Espiritismo, só comprova sua origem comprometida exclusivamente com a Verdade, de modo a constituir ela uma perfeita Religião nos limites da pura Razão.

Evidenciado o Princípio e o Fim de toda a Vida, restava apenas apresentar o termo médio para que a lógica do Universo se revelasse em toda a sua grandeza. Esse intermediário entre o Criador e as Criaturas foi confirmado no modelo existencial de Jesus, o Profeta que comprovou empiricamente o inestimável valor e os efeitos das suas máximas e ensinamentos para a perfeita realização do Espírito infinito.

Assim, a Moral Espírita é a mesma do Cristo, pois ela realiza a esperança não apenas numa vida futura desconhecida, mas, sobretudo, a certeza de que tudo o que Mestre nos garantiu no mais elevado discurso profético que a humanidade já conheceu, o Sermão do Monte, será possível alcançarmos pelo esforço e afirmação de uma Boa Vontade. O conteúdo desta Moral foi exposto integralmente em *O Evangelho Segundo o Espiritismo*, objeto do próximo e derradeiro capítulo.

Capítulo 8

O DÉCIMO QUARTO APÓSTOLO

"Fora da caridade não há salvação."

O QUE FAZER QUANDO deparamos com a Verdade? Essa pergunta seria relativamente fácil de responder se todos estivéssemos preparados para reconhecê-la! No entanto, nossa dificuldade em sabermos o que é a Verdade se evidencia no silêncio de Jesus diante da indagação de Pilatos: *"Veritas, quid sit veritas".*

Santo Agostinho, filósofo romano e Pai da Igreja, em sua obra *Confissões,* compreende Deus como sendo a Verdade. Depois de muito resistir a ela, sucumbiu diante de sua força, reconhecendo em Jesus o Caminho para a Verdade e a Vida. Fiódor Dostoievski, romancista russo contemporâneo de Allan Kardec, no seu conto *O Sonho de Um*

Homem Ridículo, confessa a dificuldade que é conhecer sozinho a verdade, pois ela nos torna ridículos perante os outros, tanto mais ridículos quanto mais ciência adquirimos, lamentando-se, afinal: "Ah, como é duro conhecer sozinho a verdade!"

Certo é, no entanto, que, apesar do testemunho fictício do escritor russo, poucos Espíritos na história da humanidade defrontaram a Verdade. Agostinho de Hipona foi um deles, sustentando-a na sua sincera conversão ao cristianismo, não apenas por sua filosofia e teologia, mas, sobretudo, com sua própria vida. Em número ainda menor são aqueles que se mostraram capazes de identificá-la de imediato quando subitamente ela se vos apresentou. Allan Kardec foi um desses Espíritos que se preparou toda uma vida para conhecer a Verdade, por isso, quando a descobriu na coordenação das pesquisas sobre os extraordinários fenômenos das "mesas girantes", não se assombrou, traduzindo com fidelidade as Luzes que o Espírito de Verdade portava em benefício de toda a humanidade.

Assim, quando *"Os Espíritos do Senhor, que são as virtudes dos Céus, qual imenso exército que se movimenta ao receber as ordens do seu comando"*, espalharam-se *"por toda a superfície da Terra e, semelhantes a estrelas cadentes"*, vieram *"iluminar os caminhos e abrir os olhos aos cegos"*, Kardec estava preparado para reconhecê-los como portadores da Verdade que liberta e pôde, assim, acessar diretamente a sua fonte, o Espírito do Cristo.

No entanto, diante da vastidão mostrada por aqueles ensinamentos que desvendavam todos os mistérios da Vida e do Universo, o Criador e as leis por Ele criadas para a harmonia universal, sobretudo a Lei Maior, o Amor, enquanto os homens do seu tempo se dedicavam mais aos aspectos científicos dos fenômenos mediúnicos, Allan Kardec buscou alcançar a elevada Moral que a Verdade portava consigo, esclarecendo-a em todo o seu esplendor, tanto para o vulgo quanto para o catedrático, organizando, assim, de modo integralmente assente na Verdade, a Religião do Cristo.

Antes de sua última encarnação na Palestina de dois mil anos atrás, a Verdade já havia visitado o planeta Terra algumas vezes, trazida pelos Profetas divinamente inspirados que antecederam a vinda de Jesus, os quais, segundo a Boa Nova do Espiritismo, já se encontravam sob o comando direto deste mesmo Espírito. Foi assim que Krsna a ensinou às vésperas da Batalha de Kurukshetra; Sidharta Gautama com ela se defrontou meditando à sombra de uma figueira e se transformou em o Buda; Lao Tzé apreendeu-a da perfeição da Natureza; Zoroastro dela intuiu a existência do Deus único, e Abraão foi o primeiro a divulgá-la; Moisés a encontrou no alto do Monte Sinai dando forma humana às Suas divinas leis, para, finalmente, Jesus poder vivê-la em plenitude.

Ocorre que, até o advento do Espiritismo, embora transcorridos quase dois milênios desde aquele divino testemunho do Calvário, a Verdade não mais brilhara em todo o seu fulgor. Embora ela fosse reconhecida por alguns poucos mártires humilhados pela iniquidade, de falsos profetas que, nesses dois mil anos, dela fizeram sua bandeira de vida e, sobretudo, de morte, sequestrada pela iniquidade a Verdade permaneceu enclausurada nos domínios da ignorância, até que, *chegados os tempos em que todas as coisas hão de ser restabelecidas no seu verdadeiro sentido*", ela foi novamente apresentada, em todo o seu fulgor, para libertação de toda a humanidade por Allan Kardec.

Quem, no entanto, seria capaz de identificá-la de imediato, senão aquele que sempre a buscou? Paulo, o décimo terceiro Apóstolo, ao persegui-la, ficou deslumbrado diante de sua presença, voltando a enxergar pela misericórdia que ela manifestou na pessoa de Ananias, um dos primeiros cristãos a reconhecê-la no Cristo ressuscitado. Só a Verdade poderia fazer do antigo adversário Saulo de Tarso o seu mais exaltado defensor. Ao seu convite, ele converteu-se em Paulo e passou a vivê-la em corpo e em Espírito, podendo, ao final de sua jornada, testemunhar: *"Já não sou eu que vivo, mas é Cristo que vive em mim."* (Gl 2.20).

Três séculos depois do testemunho do Apóstolo dos Gentios, Agostinho de Hipona viveu tudo do mundo, até que o mundo o exauriu. Humilhado pela carne, vencendo o orgulho e a vaidade, ele submeteu-se à Verdade e foi preenchido em Espírito. Foi por ela distinto dos homens, conseguindo honrá-la e distribuí-la em abundância, com sua divina filosofia e teologia. Ao adotar a filosofia de Platão sobre a reencarnação e Jesus como o paradigma de Moral universal, o Cristo enviado pelo Criador para exemplo e consolação dos Homens, Santo Agostinho mostrou a Verdade.

João Evangelista, que, há dois mil anos, na sua juventude, conheceu a Verdade na presença de Jesus e, mesmo sob intensa tortura, testemunhou-a na madureza dos seus anos, viveu plenamente a liberdade e a felicidade que ela proporciona. Bem-aventurado pela incorporação definitiva da humildade que a destaca, voltou novamente à Terra na personalidade de Francisco de Assis, agora para apresentá-la em seus mais elevados efeitos, a Caridade. Com isso, reformulou a Fé Católica e marcou indelevelmente a religião cristã, inspirando o também iluminado Vicente de Paulo.

Chegados os tempos determinados pelo Senhor, mais amadurecida intelectualmente a humanidade, e, por isso mesmo, correndo o risco de perder definitivamente a fé, a Verdade volta novamente ao mundo. Desta vez, no entanto, ela se mostraria não mais em forma de sacrifício, mas na originalidade do Espírito Consolador, conquistando, pelo Amor que é sua Fonte original, Allan Kardec, aquele que, por seu esforço intelectual e fé, se transformaria no décimo quarto Apóstolo da Verdade.

Como toda pessoa de Espírito, Allan Kardec foi moldado também pela fé raciocinada de Hippolyte Léon Denizard Rivail. Por isso, assim como o filósofo Saulo de Tarso, necessitou da cegueira para abrir os seus olhos para a Verdade e converter-se no Apóstolo Paulo, Denizard Rivail exigiu, em nome da Verdade, a comprovação científica dos fenômenos mediúnicos para que ela pudesse entrar em seu Espírito. No entanto, como a fé sem a razão é cega, e a razão sem a fé é estéril, ambos os Apóstolos do Cristo conciliaram essas duas forças da Alma com inaudita coragem e redistribuíram a Verdade ao mundo.

Ao contrário de Paulo de Tarso, Kardec não precisou vencer longas distâncias para visitar a comunidade Espírita então nascente, mas, como o Apóstolo dos Gentios, suas abundantes correspondências cumpriram a necessária função pedagógica, tendo alcançado o Velho e o Novo Mundo com suas obras de literatura. Combatendo os equívocos dos gentios com a palavra escrita, mesmo porque ele nasceu no seio da nova gentilidade, a Europa do Século XIX, Kardec lutou bravamente contra a mentira materialista, a nova filosofia dos pagãos, a qual se fizera ainda mais ameaçadora da Verdade como efeito dos erros seculares do catolicismo francês e europeu.

Assim, a exemplo do Apóstolo Paulo, diante da Verdade Allan Kardec não titubeou e fez-se dela defensor incondicional, valendo-se de todos os seus vastos recursos filosóficos e científicos para desenvolver a mais eficiente Religião à qual teve acesso a humanidade. Enfrentando, com a fé da razão, tanto os dogmáticos quanto os materialistas, afirmou, no seio da comunidade científica internacional, a mais nova doutrina cristã, resgatando, das garras da iniquidade inquisidora, os mais elevados ensinamentos Morais já deixados para a humanidade, o Evangelho de Jesus, agora, porém, instrumentalizados pela ciência do passado e do futuro espiritual de cada indivíduo humano.

As famosas epístolas de Paulo, que já haviam mostrado sua eficiência doutrinária junto de uma nascente comunidade cristã, desde o Velho Mundo grego até à juvenil e arrogante Europa, formataram o espírito comunicativo do Espiritismo organizado por Allan Kardec. Inspirado pelo modelo de divulgação das cartas cristãs de Paulo e tendo reconhecido a Verdade na filosofia pagã de Sócrates e Platão sobre a reencarnação, Kardec concilia Oriente e Ocidente, tecendo, com suas obras, a mais ampla teia de comunicação da Verdade, permitindo que ela iluminasse desde os mais avançados centros de pesquisas acadêmicos do Novo Mundo até as mais remotas aldeias das antigas colônias europeias.

Se o filósofo Allan Kardec não mais necessitava dirigir-se pessoalmente até às praças de Atenas para defender a primazia da moral de Jesus sobre a dos filósofos epicuristas e estoicos, como fizera o filósofo Paulo de Tarso, segundo nos relatou Lucas nos Atos dos Apóstolos, no entanto, o organizador do Espiritismo valeu-se de todos os meios de comunicação do seu século para a exposição e defesa da Verdade trazida novamente aos Homens. Mediante a demonstração inequívoca da preexistência e sobrevivência da Alma realizada pelo Espiritismo, destacou ele, de modo inédito na história da humanidade, inclusive com superação da errônea metempsicose indiana e o seu conceito de Karma imutável, a eficiência da evolução moral do Espírito reencarnado que procura seguir o exemplo do Cristo.

As cartas e artigos publicados por Kardec na Revista Espírita, periódico por ele organizado e patrocinado sob pesados sacrifícios pessoais, patrimônio intelectual inestimável legado à sua posteridade, evidenciam que, embora não tivesse sido literalmente apedrejado em praça pública, nem tivera o corpo queimado pela iniquidade inquisitorial da Igreja, no entanto, recebera graves e sérias ameaças por todos os meios escusos de que se vale a mentira para preponderar, a qual tentara sufocar, como já fizera no transcorrer dos dezoito séculos anteriores, suas libertadoras conclusões acerca da Vida e da Morte pelo princípio da reencarnação.

No entanto, nem as pedras da calúnia ou as chamas da mentira conseguiram calar o verdadeiro cristão Allan Kardec. Protegido pelo manto da Verdade, com o qual cobriu todo o seu trabalho intelectual, fortaleceu a sua fé com a armadura da razão e preservou, sob riscos de sacrificar a própria vida, a moral vivida por Jesus ainda mais esclarecida pelo princípio da preexistência e transmigração das Almas, seguro de que nada poderia matar o Espiritismo, pois ele é fruto do Espírito de Verdade.

Como Pedro, Kardec compreendeu que, de fato, somente o Amor cobre a multidão de nossos pecados. A palavra pecado que, na sua origem grega, significava apenas "errar o alvo", tão amenizada por Jesus para nos estimular no Caminho, havia sido profundamente deturpada pela Igreja, que dela se valia para ameaçar de condenação e danação eterna os Espíritos adversários de suas ideias, transformando-a em objeto de comércio, o que já revoltara Martinho Lutero, provocando a Reforma Protestante. Ao compreender a realidade da reencarnação por meio das experiências com os Espíritos, Kardec eliminou por completo o medo da morte e evidenciou a infantilidade das ameaças da Igreja aos culpados pecadores, para os quais, como lembra Jesus, o Pai não quer a morte, mas, sim, a misericórdia.

Ao constatar, pelo depoimento dos Espíritos, a veracidade da Ética de Jesus, Allan Kardec comprovou que o Amor traja no mundo a roupagem humilde da Caridade, a única veste adequada ao festim de bodas a que todas as Criaturas são convidadas pelo Pai e Senhor da Messe. Foi na Caridade que ele comprovou o Amor ao próximo como a si mesmo como o signo distintivo de todo aquele que deseja, antes, servir do que ser servido, a salvação daquele que, embora já lhe tenha destinado o primeiro e mais elevado lugar, cede-o aos retardatários no Caminho, descendo das alturas intelectuais e morais já alcançadas para conseguir tocar o ânimo de outros que ainda rastejam, aflitos e oprimidos, ignorados pelo mundo, pois sabe que eles são mui amados por Jesus e pelo Pai, buscando também amá-los.

Allan Kardec mostrou com o *Evangelho Segundo o Espiritismo* como viver a Boa Nova no mundo, vinculando-nos, definitivamente, ao sentimento de Jesus e, com isso, honrou também a Lei revelada por Moisés no Sinai. Evidenciou, não mais teoricamente, mas pelo testemunho inequívoco das Consciências desencarnadas, que o Espiritismo é o resgate daquele sentimento e postura religiosa revelada pelo Cristo na sua última passagem pelo Planeta, alinhando-se, portanto, com a lei natural estabelecida pelo Criador, que determina o progresso moral de todas as Criaturas, descortinando, assim, um futuro mais feliz para o Homem mediante a transformação individual que modificará o próprio sentimento dominante na Terra.

Com o advento Espírita, a vida futura deixou de ser uma incógnita para os céticos e somente uma esperança da fé naqueles que, mesmo sem ter visto, creem. As experiências metodologicamente desenvolvidas junto dos Espíritos mostraram que todo o patrimônio da consciência espiritual é integralmente preservado com a morte do corpo. Que o estado presente é o resultado do trabalho realizado nas pregressas encarnações e, portanto, que a consciência futura do Homem depende das obras hoje realizadas, sendo tanto mais feliz quanto mais vinculadas ao exemplo de Jesus, cuja moral é mostrada em toda a sua realeza celeste, a única que, afinal, importa, por ser definitiva, enquanto que todo destaque subjetivo da personalidade morre no mundo.

Os diversos estados de ânimo confessados pelas Inteligências que se comunicaram com Kardec e que lhe permitiram organizar o roteiro mais seguro para uma *Imitação do Evangelho* mostraram a Verdade contida na afirmação de Jesus, de que a Casa do Pai é composta por muitas moradas, e, sobretudo, que a diversidade desses abrigos da Alma é determinada pelo estado em que os Espíritos deixam a experiência no mundo físico, constituindo, pois, outros campos de experiências espirituais, venturosos ou infelizes, em graus tão diversos quanto diversas são as constelações do Universo.

Por seu inaudito esforço, Allan Kardec esclareceu o obscuro conceito de ressurreição dos corpos criados pela ortodoxia da Igreja, em flagrante oposição ao pensamento de Paulo, pois, mesmo após o Apóstolo dos Gentios esclarecer, em sua Primeira Epístola aos Coríntios, que a ressurreição de todos os Espíritos dá-se em corpo espiritual, a exemplo do ressurgimento de Jesus no terceiro dia após a morte do seu corpo, a Igreja persiste dois milênios sem entender como se daria este fenômeno, levando muitos fiéis a crerem na absurda doutrina que ensina a ressurreição como a reconstituição dos mesmos corpos terrestres.

Kardec mostrou que a vida espiritual se realiza através da organização e da sustentação, pelo próprio Espírito, de um corpo sutil, o perispírito, veículo de manifestação da Consciência desencarnada, portanto, que a ressurreição da carne é um absurdo do ponto de vista religioso e científico. A confusão causada pela ortodoxia era tamanha que, na Idade Média, alguns nobres exigiam que suas exéquias fossem realizadas com a melhor roupa, a fim de que, ao ressuscitarem para a vida eterna, aqueles mesmos falecidos corpos se encontrassem rica e devidamente trajados. Através do depoimento de um Espírito frustrado após a morte, por ver sua antiga realeza terrena de nada lhe valer no mundo espiritual, o Espiritismo destacou a segurança da realeza da Alma, comprovando, empiricamente, a Verdade contida na recomendação de Jesus quanto ao que significa o verdadeiro tesouro para o Espírito.

Ao demonstrar, cientificamente, a sobrevivência da Alma e a realidade do perispírito, o corpo espiritual que a Consciência organiza com a matéria da atmosfera de cada planeta onde habita, o Espiritismo deu sustentação filosófica e prática à antiga crença na preexistência e transmigração das Almas, sustentada pela filosofia clássica grega desde que Pitágoras adotou essa visão da filosofia da Índia, unindo, em uma só Religião, o sentimento do Oriente e do Ocidente.

Neste sentido, Kardec superou, inclusive, o esforço de Paulo junto dos gentios, pois, atualmente, os princípios espíritas vêm encontrando consonância na Índia sob uma vertente do movimento filosófico-religioso intitulado neo-hinduísmo, fundada por Sri Aurobindo (Calcutá – Índia, 1872-1950) e por Blanche Rachel Mirra Alfassa (Paris-França, 1878-1973). A união destes dois Espíritos em Pondichery, Índia, a partir do ano de 1914, deu continuidade a esse movimento, visando eliminar, entre outros equívocos, o dogma da metempsicose e da imutabilidade do Karma, destinando-se, como a filosofia de Kardec, preponderantemente à educação dos Homens pela divulgação da reencarnação como meio de evolução espiritual.

Embora não nos seja permitido afirmar que Mirra Alfassa, atualmente conhecida como "A Mãe", fosse adepta do Espiritismo antes de encontrar Sri Aurobindo, todos os seus escritos refletem perfeitamente o pensamento de Allan Kardec. Quem conhece os meios pelos quais os Coordenadores Espirituais do planeta atuam sabe que não é coincidência que ela nascera em Paris num momento em que as ideias espíritas se afirmavam no meio dos intelectuais mais destacados, comunidade essa que, segundo se pode verificar de sua biografia, era por ela frequentada. Assim, sinto-me autorizado a deduzir que, mesmo inconscientemente, ela foi instrumento da Espiritualidade Superior para realizar essa ponte entre o Espiritismo e o Hinduísmo.

É sintomático, para referendar minha tese de que o Hinduísmo encontrou o Espiritismo por meio de Mirra Alfassa, o fato de que Sri Aurobindo foi o principal intelectual da Revolução liderada por Mohandas Gandhi, o Maratma, a qual culminou com a independência da India da colonização pela Inglaterra. Quem, outrossim, ler a tradução do Bagvad Guita realizada por este último constatará o quanto Gandhi identifica esta divina obra, também de origem mediúnica, já que ditada pelo Espírito Krsna a Arjuna, com a Filosofia Moral de Jesus Cristo. Com isso, ao esclarecer como Jesus divulgava a reencarnação, o Espiritismo une fundamentalmente Cristianismo e Hinduísmo .

O conhecimento científico da reencarnação realizado por Allan Kardec mostrou que todos indivíduos estão unidos de forma universal, tanto pela sua origem quanto por sua destinação, pois única é a Fonte de toda a Vida: Deus. Em concordância com o Hinduísmo, o Espiritismo mostrou que a família humana universal é revelada naquela aparentemente estranha moral de Jesus: "Quem é minha mãe e quem são meus irmãos?" A reencarnação esclarece por que o Mestre reconhece que "todos aqueles que fazem a Vontade do Pai, estes são minha mãe e meus irmãos!", pois só a reunião dos mesmos Espíritos, constituindo diversos núcleos com inversões dos papéis familiares, poderá transformar o antigo adversário em um amigo fiel, cumprindo-se, assim, o Dever de amar os inimigos e bendizer a quem nos maldiz.

Como destacou Léon Denis em sua obra *O Problema do Ser, do Destino e da Dor*, só o Espiritismo consegue explicar, de modo claro e inconteste, as causas do sofrimento no mundo, enquanto o conceito de karma imutável da tradição indiana ainda é equívoco. De fato, se há alguma comunidade mundial no momento presente do Planeta, é a daqueles que suportam dor e sofrimento, pois a realidade do estado evolutivo moral da Terra determina que, mais cedo ou mais tarde, todos suportarão alguma sorte de sofrimento e dor. Pelos depoimentos colhidos dos Espíritos, Allan Kardec conseguiu esclarecer, de modo definitivo, as causas de todo o sofrimento humano, as quais, se não se encontram na presente existência encarnada, seguramente encontrar-se-ão nas suas existências pretéritas, pois não há efeito sem causa.

Da mesma forma, esclarecendo o princípio da reencarnação como a forma de se reparar erros do passado, o Espiritismo eliminou o equívoco da religião hinduísta sobre a metempsicose constitutiva do conceito de karma imutável. Ao mostrar que a transmigração da alma de corpo em corpo visa apenas e tão somente atender à lei do progresso moral, Kardec corrige a interpretação de que o Karma não pode ser alterado numa mesma encarnação, pois o ensino dos Espíritos é no sentido de que, porque "O Pai não quer a morte do pecador, mas a misericórdia", tão logo seja assimilado o ensinamento que o sofrimento visa propiciar ao Espírito, ele deve cessar no decorrer da mesma encarnação.

Portanto, ao mostrar que o Karma não é definitivo, o Espiritismo contribui com Gandhi quando o "Pai dos Hindus" condena a imutabilidade deste dogma, segundo ele, a causa da cruel política de castas que flagela os pobres e desvalidos indianos há milênios. Apesar de oficialmente abolida da Constituição da Índia desde 1980, este conceito ainda provoca tantas dores naquela sociedade, permitindo a exploração política do conformismo que ele produz na mentalidade do povo mais simples.

O sofrimento é a condição humana que mais toca os bons sentimentos dos Espíritos, por isso, Kardec dedicou-se com afinco a esclarecer as causas e o remédio para a solução desse dilema universal. Assim, com sua pedagógica maiêutica, ele perscrutou todas as condições que fazem com que a dor se manifeste no corpo e, sobretudo, no Espírito, concluindo que, se Deus é Justo, justa deve ser a causa do sofrimento humano.

No entanto, mostrando o equívoco do princípio indiano do karma, o Espiritismo conclui que, se Deus ama às Suas Criaturas como um Pai, Sua Justiça se realiza com misericórdia, e, portanto, os erros individuais são reparados misericordiosamente, com respeito ao livre-arbítrio e as capacidades de cada um, fazendo com que cada Consciência culpada aplique, sobre si mesma, a Lei, até que o ensinamento seja assimilado pelo Espírito, cessando, então, na mesma encarnação, aquela dor.

Por conseguinte, se há Justiça no sofrimento humano e, não obstante, "o Pai não quer a morte do pecador", qual seria o remédio definitivo para a cessação desse dilema? Não seria outro, senão, o próprio Cristo Consolador. Portanto, é no modelo de Jesus que Allan Kardec encontra a solução definitiva para todos os males do mundo, pois, a partir do momento em que o indivíduo adota uma postura existencial visando, com boa vontade, adequar o seu sentimento, pensamentos, palavras e atos ao modelo Jesus, entregando todo o seu fardo de vida sob os cuidados amorosos do Mestre, todo o sofrimento desaparece, embora possa suportar ainda alguma dor.

De posse da causa do seu sofrimento, o Espírito conhece, ao mesmo tempo, o bálsamo da esperança e da fé, a resignação proporcionada pelo esclarecimento de que sofre apenas por culpa própria e que também a solução se encontra exclusivamente em suas mãos. Assim, ao mostrar que o seu presente foi construído por si mesmo, no passado de inumeráveis encarnações, como também que o seu futuro encontra-se plenamente na dependência de sua boa vontade na atualidade, o Espiritismo retira das sombras toda a existência humana, justificando-se como o Consolador Prometido por Jesus, o Espírito de Verdade que o coordenou mediante o incansável trabalho de organização e a pedagogia de Allan Kardec.

Esclarecida toda a finalidade das inumeráveis existências por que já passaram todos os Espíritos habitantes do Planeta, qual seja, serem "perfeitos, como perfeito é o Pai", e, sobretudo, elucidadas as condições livremente escolhidas para que fossem realizadas as provas necessárias à essa evolução espiritual, igualmente esclarecidas foram as causas das expiações, invariavelmente dolorosas para o Espírito, pois elas constituem exatamente o efeito moral das infrações cometidas em relação à Lei de Amor. Assim, o Homem sofre porque sua existência ainda não é adequada à Lei. Quando viver o Amor, cessará toda a dor.

Em nenhum outro momento da história da humanidade se obteve pleno esclarecimento da condição humana quanto com o advento do Espiritismo. Só a compreensão da reencarnação elucida completamente as injustiças sociais e o fato de alguns poucos privilegiados gozarem enormes privilégios, enquanto muitos suportam mortificantes privações. Esta é, sem dúvida, uma condição que choca qualquer razoável senso de Justiça, e, no entanto, tal realidade não é sem causa. O desprezível escândalo de violência que constitui a fome no mundo só pode ser esclarecido a partir do trabalho de Allan Kardec, pois, embora os famintos purguem, espontaneamente, culpas de consciência por equívocos cometidos em existências do seu passado espiritual, no entanto, a injustiça social é fruto do vício radical do Espírito Humano, o egoísmo.

Portanto, ao exaltar Jesus a pobreza de Espírito, não quis referendar a injustiça social, mas, sim, a resignação que deve ir na Alma daquele que escolheu a dura prova existencial da miséria, sem revoltar-se perante a Justiça da Lei, mas, suportando humildemente toda a crueza de sua condição. Este é um trabalho moral de difícil realização no mundo, a que só uma fé raciocinada com base na ciência da reencarnação poderá propiciar.

Por isso, a pobreza de Espírito deve ser também a tônica da postura existencial daquele agraciado com a fortuna material, pois, em algum momento, ele necessitará resignar-se diante da sua incapacidade de modificação do seu particular estado de sofrimento ou de algum ente querido. Neste exato momento, a realidade cotidiana da humanidade ainda nos mostra que nem a soberba ou a fortuna material são suficientes para exigirem auxílio do mais alto na eliminação das dores do mundo, pois Deus, embora faça chover sobre justos e pecadores, não pactua com nossos vícios morais, atendendo imediatamente somente aqueles que suplicam com humildade e que adequam sua existência íntima às Suas Leis.

Ao mostrar que as condições existenciais variam de uma encarnação para outra, a fim de que o Espírito se realize plenamente segundo a Lei, Allan Kardec deu corpo e vida à máxima de Jesus, a mais completa Ética para o bem viver no mundo, esclarecendo por que é feliz aquele que é rebaixado e do risco que corre aquele que é exaltado. Mostra o Espiritismo por que a riqueza deve ser usufruída sem orgulho e de modo caritativo, assim como a miséria, se não se conseguir modificá-la, deve ser suportada com dignidade. Que a resignação é a submissão à Vontade soberana do Pai, desde que não seja possível alterar, pelos esforços próprios e pela Fé, a sua sofrida condição.

Por isso, Kardec destacou que a pureza do coração, ou seja, a humildade sincera e vivida, deve pautar a vida do verdadeiro cristão, pois este é um sentimento que reflete em todas as relações humanas, mediante pensamentos, palavras e atos. Só o Espiritismo esclarece o adultério por pensamento destacado por Jesus, pois, ao mostrar a realidade, o mundo espiritual ao nosso redor, explica como nosso sentimento é percebido por aquela "nuvem de testemunhas" constantemente a nos cercar, como já atestava Paulo. Ao mostrar essa realidade humana, o Espiritismo confirmou empiricamente a necessidade de conservarmos a verdadeira pureza, que é a dos sentimentos, fonte dos pensamentos e das palavras.

Esta consciência moral que determina a pureza no sentir deve ser o objetivo de todo Espírito já consciente da Lei, pois ela se manifesta, inclusive, no corpo físico da Alma reencarnante. Ao reconhecer que fez mau uso de alguma faculdade espiritual, em pretérita existência no mundo, humildemente o Espírito suplica lhe seja tolhido o uso da mesma na vindoura encarnação, resultando esta humildade nas diversas modalidades de necessidades especiais que nos acometem os corpos físicos, despertando, ao mesmo tempo, a compaixão e a humildade nos futuros familiares, revelando também que, em se rebaixando as condições do corpo reencarnante, eleva-se as do Espírito que o utilizará.

Mediante perfeita seleção e organização dos textos dos Espíritos, Kardec, à imitação do Cristo, destacou a felicidade que a mansuetude proporciona nas Almas, já na sua própria existência como ser do mundo físico e de relações, mostrando que "o reino de Deus não se conquista com violência". Assim, a Ética Espírita ressalta a imperiosa necessidade de se oprimir toda a sorte de crueldades e vícios morais como a injúria e a cólera, ao mesmo tempo em que se busca pelo cultivo de sentimentos virtuosos de afabilidade e doçura, paciência e resignação, não, porém, como opressão ou negação da vontade, como equivocadamente acusava o filósofo Nietzsche aos cristãos, mas como uma transformação radical de valores que nos libertarão para o cultivo das coisas do Espírito.

Por isso, Jesus, o Profeta da caridade, destaca a misericórdia como fonte de iluminação espiritual, uma vez que este sentimento é o reflexo do Pai em nós, Seus filhos. A figura paternal que Jesus nos mostrou no Criador é destacada, sobretudo, pela misericórdia infinita da qual Ele faz o Seu instrumento de justiça e libertação. Kardec ressaltou essa característica fundamental de Deus, lembrando a fala de Jesus de que "o Pai não quer a morte do pecador, mas, sim, a misericórdia". Ele mostrou que a reencarnação é o veículo da misericórdia de Deus para com todos os pecadores, pois, com a evolução espiritual, venceremos o egoísmo e desenvolveremos também misericórdia. Só assim o Reino de Deus e Sua justiça serão alcançados, com a brandura que é fruto da mansidão e nos identifica em essência com o Criador.

Ao nos lembrar que Deus é Amor, Kardec organizou o trabalho dos Espíritos para mostrar, de modo inequívoco, que, se a perfeição moral é a destinação de toda Criatura, no entanto, porque ainda trilhando essa trajetória, todo Espírito tem o dever de misericórdia para com o semelhante, uma vez que vive constantemente sob a misericórdia do Pai. Deus conhece nossas potencialidades de autodivinização, mas, também, nossas ainda flagrantes limitações, por isso, olvida todos os nossos erros e nos estimula a igualmente perdoarmos as ofensas alheias, lembrando Kardec que o Mestre nos concita à misericórdia e não ao sacrifício.

Todos os ensinos virtuosos trazidos por Jesus, por seu exemplo de vinculação incondicional à Lei de Deus, são no sentido de nos estimular, pois este é o único Caminho que nos reconduzirá ao conforto da proximidade com o Pai, a felicidade plena como bem-aventurança. Como fazer com que um ser criado simples e ignorante avance para além do império do ego, senão mostrando, pelo exemplo, que nenhuma satisfação temporal pode superar a força que é o Amor. Por isso, a misericórdia do Pai, que não nos aniquila em nome da Sua Justiça, inspira-nos ao perdão das ofensas alheias, libertando-nos do egoísmo e, pois, do jugo do instinto animal ainda muito vivo em nós.

Toda Criatura refletirá um dia a imagem divina do Criador, pois foi gerada pelo Amor. Esta

Força viva da Alma é a expressão plena da Verdade no mundo, e, assim, todas as Criaturas trazem consigo todos os germens da Virtude, a excelência da Boa Vontade libertadora. Por isso, Kardec destacou a origem divina do Amor ao próximo como a si mesmo como a Lei que, embora seja a expressão de um Dever, não se afigura como instrumento de obrigação, mas, sim, como uma constrição eminentemente libertária, um jugo manso e suave, o fardo leve carregado por Jesus para nosso auxílio, como o Bom Pastor, que conduz, pelo exemplo, todas as ovelhas do Pai para a libertação.

Na realidade de um ser inteligente criado simples e sem nenhum conteúdo cognitivo, o qual, pelo esforço próprio, transformou-se num Espírito, ou seja, numa consciência já capaz de liberdade, realidade essa a que chamamos Vida, a expressão máxima de sua origem divina se revela na perfeita identidade substancial com todos os outros. Apesar da rica diversidade histórico-cultural da humanidade, cada indivíduo é absolutamente idêntico em essência com todos os demais seres humanos.

Por isso, Kardec destacou, dos ensinos dos Espíritos, a imperiosa necessidade de buscarmos amar, incondicionalmente, a toda criatura, inclusive aquele que no momento nos provoca dor e sofrimento e, por isso, ainda é por nós considerado um inimigo, uma vez que nós mesmos, por nossa vez, em virtude da nossa inadequação existencial diante da Lei, provocamos também o mal alheio e necessitamos do perdão do próximo e do Amor do Pai.

A absoluta perfeição do Criador se reflete nas Suas Leis, as quais são expressas conjuntamente na Lei de Amor, imprimindo uma força absolutamente profícua para a execução da Vontade soberana do Pai, que é a da perfeita igualdade e felicidade de todos os seres, o Reino de Deus. Por ser expressão do Soberano, essa força Amor conduz, com igualdade, todos os seres, uma vez que tudo e todos a ela são vinculados por sua origem comum.

No entanto, exatamente porque a Criação é fruto do Amor Soberano, essa condução dá-se de modo leve e suave da parte do supremo Autor do Mundo. Esta absolutamente justa reciprocidade levou Kardec a destacar a necessidade do Amor ao Próximo como a si mesmo, pois é a única maneira de adequarmos nossa potência de Vida àquela Força. Este é o conhecimento da Verdade que tornará cada vez mais leve o nosso dever de autorrealização da liberdade.

Qual seria, entretanto, a forma mais adequada de existência para o perfeito atendimento da Vontade Suprema? Nada, nenhum sacrifício senão o do egoísmo personalista, o mais forte efeito do instinto animal ainda presente em nós, em virtude da nossa curta trajetória de Vida desde que fomos criados Princípios de Inteligência. Por isso, Kardec destacou o egoísmo como o vício radical, ou seja, a raiz de todos os demais vícios morais presentes ainda em toda Criatura, a fim de que fosse relativizado o injustificado valor que cada um naturalmente tem de atribuir a si mesmo, principalmente, para soerguimento daquele que ainda nos maltrata, o qual, por encontrar-se ainda mais próximo do início da sua trajetória de Vida, ainda não se descobriu capaz de realizar suas potencialidades divinas amando.

O esquecimento de si em benefício do outro foi destacado por Jesus em todo o Sermão do Monte, não por uma tendência autodepreciativa de um caráter fraco, típico de um povo habituado à servidão, como acusava Nietzsche e toda a filosofia materialista que, cega para o Espírito, guia cegos espirituais. Ao contrário, o Mestre destacou a felicidade imorredoura que o Amor ao próximo como a si mesmo proporciona, estado que foi designado por ele como bem-aventurança. Assim, o amor ao inimigo, a fidelidade dos filhos em relação aos pais e, sobretudo, a humildade na prática da caridade foram destacadas como a única forma de se aproximar daquele estado próprio do Reino de Deus, a felicidade plena mesmo ainda vivendo no mundo.

Porque o Criador nada exigiu para a geração do Universo, unicamente esta constituindo a verdadeira doutrina da Graça defendida por Santo Agostinho, tudo é concessão espontânea do Pai, por isso, a recíproca abnegação de cada ser humano em favor da caridade é dever das Criaturas. Esse dever é atendido não porque o Criador nos imponha qualquer postura, pois isso anularia a própria Graça, mas, sim, porque, em desenvolvendo sua compreensão do Amor, toda Criatura finalmente enxerga que ela nada será enquanto não se identificar essencialmente com o Criador, e isto só se dará quando aprender a Amar.

Kardec evidenciou o ensino de Jesus sobre a gratidão devida pelos filhos aos pais e, sobretudo, a fidelidade das Criaturas para com o Criador, mesmo durante o tempo em que permanecem sujeitas à força da matéria corporal a cada nova existência no mundo. Esse mergulho na obscuridade de um novo corpo denso perturba nossa memória espiritual, gerando a dúvida quanto à nossa verdadeira origem, e, assim, ainda permanece em nós a forte tendência de servirmos mais à matéria do que ao Espírito, de nos dedicarmos mais ao ter do que ao ser, de adorarmos mais ao dinheiro, representado na figura de Mamón, o deus pagão da prosperidade, do que a Deus, fonte de todo o Ser.

Após destacar, em *O Livro dos Espíritos,* os caracteres do Homem de bem, Kardec nos relembra, em *O Evangelho Segundo o Espiritismo,* o convite de Jesus para sermos perfeitos, "como perfeito é o Pai que está no céu". Não fosse todo o esclarecimento já lançado sobre a Vida do Espírito, desde sua origem como um simples Princípio de Inteligência até à conquista de sua autonomia como um ser dotado de vontade, impulsionado pela lei do progresso e pelo princípio da reencarnação, essa recomendação de Jesus continuaria parecendo, como ocorreu durante quase dois milênios, mais um devaneio de um Espírito iludido em relação à condição humana, muito distante da perfeição.

No entanto, porque o Mestre era já plenamente esclarecido dos mecanismos divinos colocados à disposição de toda Criatura para realizar a sua perfectibilidade enquanto ser humano, a reencarnação, para que conquiste uma condição evolutiva próxima da perfeição do próprio Criador, Kardec ressaltou a veracidade daqueles ensinamentos, concitando-nos ao autoaperfeiçoamento espiritual. Todavia, esse autoburilamento do ser para a elevação dos sentimentos só será possível pelas suas obras cristãs, primeiramente no próprio íntimo e, imediatamente, aquelas necessárias ao socorro do seu próximo como a si mesmo, pois esta é a principal característica de um homem de bem que enxerga em todas as Criaturas seus irmãos.

Mais do que as palavras, portanto, Kardec destacou a postura existencial de Jesus como o paradigma da perfeição no mundo. Em nenhum momento, o Mestre condena os seus detratores ou qualquer um daqueles pequeninos que, ignorantes em relação à Lei, chafurdam nos próprios vícios. Ao se agachar para escrever na areia a defesa da mulher adúltera, Jesus fisicamente se rebaixa diante daqueles homens pré-dispostos à lapidação, para, imediatamente, elevar-se perante os olhos do Pai na defesa de mais uma das ovelhas perdidas pelas ilusões do mundo.

Foi a ação corajosa do manso rabi na inusitada defesa dessa mulher publicamente reconhecida por suas atitudes inadequadas, comportando-se verdadeiramente como um justo, que estimulou, além dela própria, muitos outros homens na modificação completa de suas posturas existenciais. Diante dos acusadores que invocavam a lei antiga para apedrejá-la, Jesus se rebaixou para elevá-la, e, com este ato, ele resgatou não apenas aquela ovelha perdida, mas, igualmente, com a sua postura contra a hipocrisia, trouxe também diversas testemunhas daquela sua atitude para o rebanho do Criador. Assim, ele comprovou que enxerga o que nos vai no coração e nos ama como o mundo não o faz, pois, antes do mundo, ele próprio nos escolheu para, em nome do Pai, estarmos no mundo.

Nem todos, porém, dentre aqueles chamados, serão posteriormente escolhidos. A sensibilidade de Allan Kardec para identificar, nos humilhados pelo mundo, os eleitos de Jesus para figurarem como seus representantes perante os homens, chocava a aristocracia religiosa de sua época. No entanto, correndo todos os riscos em nome da Verdade, ele sustentou o repúdio veemente do Mestre àqueles "túmulos caiados" de seu tempo, não pactuando em momento algum com a soberba dos falsos representantes do Cristo no mundo.

Foi por isso, pelo exemplo do Mestre de Nazaré, que, até mais do que os materialistas, Kardec combateu os falsos profetas do seu e de todos os tempos, mostrando integral fidelidade à condenação que Jesus lança sobre as personalidades "túmulos caiados" do espírito farisaico, ainda prevalecente no mundo, sobretudo na Europa do século XIX, destacando que o Espiritismo reconhece apenas as boas obras do Espírito como o único signo distintivo do verdadeiro cristão.

Como o Apóstolo dos Gentios, Allan Kardec salientou a proficuidade da fé na realização antecipada daquilo que se espera no futuro, pois esta força, filha dileta do Amor do Pai, faculta-nos o conhecimento de uma realidade espiritual que o mundo ignora, destacando a verdadeira fé como a mãe da esperança e da caridade. Reconheceu o organizador do Espiritismo que somente uma fé raciocinada sobre o conhecimento dos princípios e das leis que informam e sustentam toda a Vida, com a consequente e necessária dedução da existência de um Sumo Criador, produzirá, no mundo, frutos espirituais centuplicados, eliminando as incertezas quanto ao nosso destino e dando nova vida aos homens do mundo, essas figueiras ressecadas pelo inverno da fé.

Kardec enxergou no Espiritismo a nova Missão dos Cristãos no mundo, de servirem ao Senhor como os obreiros convocados na última hora. Como aqueles da parábola, os trabalhadores espíritas foram chamados para a divina messe no entardecer do dia, quase ao final da jornada que chegava com o término do segundo milênio da Era do Senhor. A apresentação do Espírito de Verdade como o coordenador do Espiritismo evidenciava que os espíritas sucediam aqueles povos do Oriente e do Ocidente convocados no primeiro e segundo milênios depois da vinda de Jesus, para lançarem novamente a semente do Evangelho no seio de uma terra estéril de sentimento religioso, um solo então queimado pela fogueira da iniquidade, a Europa do Século XIX.

Por isso, o alerta contra os falsos profetas recebeu o destaque do organizador do Espiritismo, ressaltando ele que a veracidade das palavras lançadas no seio do movimento Espírita seria reconhecida mais pelas boas obras que elas produziriam do que pela elegância e refinamento de qualquer estilo literário ou da verve oratória. Vinculando-se mais uma vez ao apostolado dos primeiros chamados, Kardec ressalta, com João Evangelista, que os espíritas não devem crer em toda manifestação mediúnica, mas investigar, antes, se o Espírito que se comunica vem de Deus. Todo Espírito que não prega senão a mais pura e verdadeira Caridade não pode vir da parte de Deus.

Com esse intuito, todo *O Livro dos Médiuns* foi organizado por Allan Kardec a partir de milhares de comunicações obtidas por mais de dois mil médiuns de várias partes do mundo, para a instrução daqueles que desejem reconhecer um Espírito de Deus nas manifestações mediúnicas. Esta inusitada experiência humana permitiu a Allan Kardec concluir que, somente aquelas mensagens em que brilha a verdadeira caridade emanam dos autênticos representantes do Senhor, tudo o mais pertencendo ao espírito do mundo como o resultado da vontade viciada de falsos cristos e de falsos profetas.

Desse trabalho inédito na história da humanidade, qual seja, a seleção criteriosa e metódica para análise e crítica das comunicações dos Espíritos, ele concluiu que a condição de desencarnado por si só não implica em sabedoria, pois, assim como os Homens, os Espíritos carregam, ao lado das suas potencialidades para a Virtude, também sua ignorância e seus vícios. Disso decorre a necessidade imperiosa da vigilância e da oração para não se cair na tentação de aceitar como verdadeira toda comunicação espiritual, recolhendo joio por trigo. Por sua irretorquível intransigência com a mentira, para toda experiência com os Espíritos Kardec cunhou um princípio metodológico infalível, decretando ser melhor rejeitar dez comunicações verdadeiras do que aceitar uma sequer eivada de falsidade.

Fiel aos ensinamentos do Messias de Nazaré, mesmo correndo o risco de ser, como de fato o foi, condenado pela Igreja mediante anátema, Allan

Kardec não vacilou em apresentar os esclarecimentos dos Espíritos elevados acerca daquela que é considerada a mais estranha moral do Cristo. As narrativas evangélicas nas quais Jesus, aparentemente, concitaria os fiéis a empunharem uma lâmina fria para conversão dos incrédulos, trazendo não a paz, mas a divisão, foi definitivamente esclarecida como sendo a necessidade imperiosa de cada um combater energicamente os próprios vícios espirituais, mediante o autoconhecimento, única maneira de se convencer os incrédulos, pois nos concita ao bom exemplo moral.

Esta divina metáfora elaborada por Jesus, convidando-nos, todos, à batalha interior que cada Criatura deve estabelecer contra o Espírito velho que ainda somos, dar-nos-á a conhecer a Verdade libertadora que mostra nossa origem e nossa destinação em Deus, criados que fomos por Amor. Esta é a única espada que devemos levantar contra a ignorância e o erro, o conhecimento de si como a ferramenta mais eficaz para a evolução Moral e a consequente felicidade que este estado de Alma nos proporciona.

A interpretação de Kardec àquela expressiva fala de Jesus, conclamando os Homens para o combate pela espada, identifica-se completamente com a leitura conferida por Mahatma Gandhi na sua tradução do Bagvad Gitá à "Batalha de Kurukshetra", recomendada por Krisna ao seu discípulo Arjuna, quando o divino Senhor aconselha o seu fiel seguidor a combater o bom combate contra os próprios vícios, tal como o Apóstolo Paulo, aliviado, reconheceu ter combatido contra si mesmo e, não, o uso da violência contra os adversários da sua doutrina.

Quanto à gratidão devida pelos filhos aos pais, o trabalho evangélico de Kardec esclarece de vez a, aparentemente, injusta orientação de Jesus para que os filhos amem mais ao Cristo e odeiem pai e mãe. A palavra "odiar" significava, naquele tempo, simplesmente, "amar menos", de modo que a revelação da família universal realizada pelo Mestre lança luzes cristalinas àquelas, até então, incompreensíveis palavras.

Segundo Allan Kardec, Jesus nos mostra que, na experiência familiar terrena, nenhum valor deve preponderar, senão aqueles que se encontrem em plena conformidade com sua lição, pois ela espelha plenamente a Vontade do Pai, com O qual ele era Um. Portanto, se algum ente querido se afastar, voluntariamente, do Caminho, o verdadeiro cristão deverá permanecer fiel ao Cristo, única maneira de auxiliar o seu Irmão no reencontro com ele e, pois, com a própria salvação.

Estas são as luzes trazidas pelo esforço supra-humano realizado por Allan Kardec na organização do Espiritismo, produzindo uma obra digna do seu coordenador que, há dois mil anos, aqui recebera o nome Jesus, o próprio Espírito de Verdade novamente dada à humanidade sob a mais completa doutrina religiosa e filosófica, o Espiritismo. Porém, agora, a Verdade foi trazida não mais pelo esforço individual daquele que é o Espírito mais puro que já frequentou o Planeta, mas, sim, por uma comunidade de Espíritos purificados pelas obras já realizadas em nome do próprio Cristo. Portanto, o Espiritismo não carrega o selo de qualquer personalidade terrena, mas, sim, ostenta a marca indelével do próprio Jesus, designado mais uma vez pelo Criador para mostrar a Verdade ao mundo.

Não foi por outro motivo que Allan Kardec, abdicando de qualquer mérito pessoal na organização desse trabalho, credita-o quase que exclusivamente ao labor das Inteligências divinas que se esforçaram por acenderem essa Nova Luz no mundo, as luzes do conhecimento verdadeiramente libertador trazido pelos Espíritos sob a coordenação do Cristo Jesus. Não sendo propriedade do seu organizador, a Luz do Espiritismo foi colocada na posição mais elevada a que um trabalho, ao mesmo tempo, humano e divino poderia almejar, pois Kardec a conduziu de maneira abnegada ao ponto mais elevado a que este conhecimento poderia alcançar, cumprindo, pois, integralmente, a recomendação do Mestre de alçá-la tão mais alto quanto pudesse para iluminar os caminhos de todos os que buscam a Verdade.

Foi por esse esforço de Kardec em mostrar a universalidade do Espiritismo que, apesar da sua jovialidade, a sua Moral universal vem se afirmando como um verdadeiro farol para todas as religiões do mundo. A consciência plena do seu organizador terreno permitiu que ele vislumbrasse, na nova doutrina, tão logo convencido da sua origem divina, não uma religião universal, mas, por trazer comprovações seguras sobre as leis e princípios verdadeiramente divinos que mostram a Verdade, um esteio seguro para todas as religiões. Por isso, contestando toda postura dogmática, Allan Kardec destacou que o Espiritismo não deseja fazer prosélitos, mas, sim, firmar a convicção, pela constituição da fé racional, sobre a preexistência e transmigração das Almas para cumprimento da Lei de Amor, sendo, assim, um sustento para todo e qualquer sentimento religioso.

O trabalho realizado na organização do Espiritismo deve ser considerado um verdadeiro legado humanitário, pois, para além das orientações personalizadas de uma religião particular, as obras de Kardec destacam o que há de universal nos ensinos de Jesus e, inclusive, daqueles Profetas cujas máximas puderam ser comprovadas pelas do Cristo. A hipótese por ele levantada, na introdução de *O Evangelho Segundo o Espiritismo*, de que a Ética dos filósofos Sócrates e Platão os credenciaria à reencarnação como os primeiros apóstolos de Jesus, revela o caráter universalista do Espiritismo, mostrando que Kardec, para além de um simples operário da inteligência, foi o escultor da obra que mais revela o Cristo e o Espírito da Verdade no mundo.

Assim, testemunhando sua humildade e desprendimento das coisas terrenas, Allan Kardec pode ser o primeiro a iluminar-se pelo seu próprio trabalho, recebendo, através do Espiritismo, a luz do Conhecimento que lhe veio do Mais Alto. Esta é uma missão que apenas se inicia, pois as necessidades e carências morais da humanidade, impulsionadas pela falência das religiões, tornam-se cada dia mais flagrantes com o fenômeno contemporâneo da comunicação instantânea. Deste modo, o Espiritismo seguramente continuará o seu trabalho de esclarecimento da Verdade com a elevação da Moral do Cristo pelas eras vindouras no seio da humanidade, pois o egoísmo não será tão facilmente extirpado das Almas enquanto o Amor ao próximo como a si mesmo não preponderar incondicionalmente.

Não foi por outro motivo que o organizador do Espiritismo, quase ao final do seu *Evangelho*, deu ênfase à orientação de Jesus para que busquemos, primeiramente junto das coisas de Deus e da Sua Justiça, nosso modelo de Vida e encontraremos o verdadeiro tesouro da Alma, pois, ajudando-nos, o céu nos ajudará. Ora, nenhum tesouro é mais valioso do que aquele que "a traça não rói e a ferrugem não corrói", os verdadeiros valores do Espírito.

Para o fechamento de sua doutrina evangélica, Allan Kardec destaca uma das mais sublimes metáforas elaboradas por Jesus, na qual, uma vez mais chamando nossa atenção para os fenômenos da Natureza, o Mestre salienta o Amor incondicional do Pai para com todas as Criaturas. Com isso, ele escolhe a tela da natureza colorida pelos lírios do campo e as aves do céu para, como um divino artista, evidenciar o Amor de Deus para com todos os Homens, ressaltando que este sentimento é mais intensamente dedicado aos seres racionais, uma vez que, em humilde oração, estes já são capazes de se encontrar diretamente com o Criador da Natureza, enquanto que as flores e os animais vivem ainda da Graça.

Como àquele que mais foi dado, mais será pedido, Allan Kardec nos lembra que o conhecimento Espírita deve ser compartilhado em abundância, e de modo absolutamente desprendido, pois, se pela Graça o recebemos, gratuitamente devemos ofertá-lo. Isso inclui, evidentemente, todo benefício que venha a ser alcançado, tanto os de ordem exclusivamente moral quanto material. Estes últimos, aliás, serão tão mais fartamente atingidos quanto mais humildemente buscados, pois o verdadeiro Espírita sabe que todos os recursos transcendentes são simples instrumentos para realizarmos na Terra o trabalho de Deus, e que esse labor se inicia pela própria instrução em relação à Verdade e termina com a sua exclusiva devoção ao Pai.

Como fiel servidor do Cristo, Allan Kardec destacou a única ferramenta deixada por Jesus como o instrumento mais eficaz à disposição dos Homens para alcançarmos as coisas do Mais Alto: a prece.

Esse esteio da Alma que nos conduz para a Caridade e nos vincula diretamente com o Criador, permitindo ao Espírito cativo no corpo alcançar a Sua Vontade Soberana, foi apresentada pelo Espiritismo como uma verdadeira bem-aventurança, mostrando por que a Alma que ora com Fé eleva e alcança realidades que apenas sonhava, realizando a esperança e a verdadeira felicidade mesmo ainda se encontrando no mundo, como garante o Apóstolo da Carta aos Hebreus.

Por isso, Allan Kardec não se destacou pelo uso místico da mediunidade, não se deslumbrou com os fenômenos espirituais nem se deixou fascinar por eles, mas se valeu também das outras faculdades do Espírito, a Razão e a Fé, para receber e apreender aquelas informações que nos mostram a Verdade por trás de toda a vida humana. Criando uma nova Ciência que se reconcilia com o Espírito, organizou todo aquele trabalho mediúnico e concretizou, na forma da Filosofia, da Ciência e, sobretudo, da Moral Espírita, a Consolação que Jesus prometeu há dois mil anos, mostrando por que a Salvação se dá exclusivamente pela Caridade.

No tocante à realidade da comunhão entre os Espíritos e os Homens, em *O Livro dos Espíritos*, na resposta 495, Kardec escolheu uma comunicação do Espírito Santo Agostinho para nos mostrar a fraternidade que impulsiona esta relação estabelecida pelo próprio Criador para atendimento da Lei de Progresso:

Oh! Interrogai os vossos anjos guardiães; estabelecei entre eles e vós essa terna intimidade que reina entre os melhores amigos. Não penseis em lhes ocultar nada, pois que eles têm o olhar de Deus e não podeis enganá-los. Pensai no futuro; procurai adiantar-vos na vida presente. Assim fazendo, encurtareis vossas provas e mais felizes tornareis as vossas existências. Vamos, homens, coragem! De uma vez por todas, lançai para longe todos os preconceitos e ideias preconcebidas. Entrai na nova senda que diante dos passos se vos abre. Caminhai! Tendes guias, segui-os, que a meta não vos pode faltar, porquanto essa meta é o próprio Deus.

Aos que consideram impossível que Espíritos verdadeiramente elevados se consagrem à tarefa tão laboriosa e de todos os instantes, diremos que nós vos influenciamos as almas, estando embora muitos milhões de léguas distantes de vós. O espaço para nós nada é, e, não obstante viverem noutro mundo, os nossos Espíritos conservam suas ligações com os vossos. Gozamos de qualidades que não podeis compreender, mas ficai certos de que Deus não nos impôs tarefa superior às nossas forças e de que não vos deixou sós na Terra, sem amigos e sem amparo. Cada anjo de guarda tem o seu protegido, pelo qual vela, como o pai pelo filho. Alegra-se quando o vê no bom caminho; sofre quando lhe ele despreza os conselhos.

Não receeis nos fatigar com as vossas perguntas. Ao contrário, procurai estar sempre em relação conosco. Sereis assim mais fortes e mais felizes.

São essas comunicações de cada um com o seu Espírito familiar que fazem sejam médiuns todos os homens, médiuns ignorados hoje, mas que se manifestarão mais tarde e se espalharão qual oceano sem margens, levando de roldão a incredulidade e a ignorância. Homens doutos, instruí os vossos semelhantes; homens de talento, educai os vossos irmãos. Não imaginais que obra fazeis desse modo: a do Cristo, a que Deus vos impõe. Para que vos outorgou Deus a inteligência e o saber, senão para os repartirdes com os vossos irmãos, senão para fazerdes que se adiantem pela senda que conduz à bem-aventurança, à felicidade eterna?

Seguindo essa recomendação à risca, ao publicar o seu *Evangelho Segundo o Espiritismo* Kardec escolheu outra mensagem de Santo Agostinho, esclarecendo a *Felicidade que a Prece Proporciona* e nos entregando a chave para a realização plena de nossa natureza espiritual no mundo e o maior tesouro deixado pelo Cristo:

Vinde, vós que desejais crer. Os Espíritos celestes acorrem a vos anunciar grandes coisas. Deus, meus filhos, abre os seus tesouros, para vos outorgar todos os benefícios. Homens incrédulos! Se soubésseis quão grande bem faz a fé ao coração e como induz a alma ao arrependimento e à prece! A prece! Ah! como são tocantes as palavras que saem da boca daquele que ora! A prece é o orvalho divino que aplaca o calor excessivo das paixões. Filha primogênita da fé, ela nos encaminha para a senda que conduz a Deus. No recolhimento e na solidão, estais com Deus. Para vós, já não há mistérios; eles se vos desvendam. Apóstolos do pensamento, é para vós a vida. Vossa alma se desprende da matéria e rola por esses mundos infinitos e etéreos, que os pobres humanos desconhecem.

Avançai, avançai pelas veredas da prece e ouvireis as vozes dos anjos. Que harmonia! Já não são o ruído confuso e os sons estrídulos da Terra; são as liras dos arcanjos; são as vozes brandas e suaves dos serafins, mais delicadas do que as brisas matinais, quando brincam na folhagem dos vossos bosques! A vossa linguagem não poderá exprimir essa ventura, tão rápida entra ela por todos os vossos poros, tão vivo e refrigerante é o manancial em que, orando, se bebe. Dulçurosas vozes, inebriantes perfumes, que a alma ouve e aspira, quando se lança a essas esferas desconhecidas e habitadas pela prece! Sem mescla de desejos carnais, são divinas todas as aspirações. Também vós, orai com o Cristo, levando a sua cruz ao Gólgota, ao Calvário. Carregai a vossa cruz e sentireis as doces emoções que lhe perpassam n'alma, se bem que vergado ao peso de um madeiro infamante. Ele ia morrer, mas para viver a vida celestial na morada de seu Pai. *(Santo Agostinho).*

O Espiritismo resgatou, assim, pelo esforço incondicional de Allan Kardec, com o sacrifício de sua vida pessoal e da saúde física, o Cristianismo originário dos primeiros Apóstolos do Cristo, mostrando plenamente a Criação e a evolução da Vida, não somente no seu aspecto material, mas, sobretudo, naquilo em que o componente físico deve contribuir para o processo de evolução da Inteligência e do sentimento e, pois, do próprio Espírito.

O seu trabalho evidenciou cientificamente a comunidade universal constituída por todos os seres inteligentes, independentemente do estado temporário em que estejam vivendo, encarnados ou desencarnados. Com isso, Kardec auxiliou na compreensão das leis naturais, que são as leis de Deus, as quais determinam este processo evolutivo e a plena solidariedade entre todas as Criaturas, já que vinculadas por sua origem e destinação comuns, o Criador. Assim, o Espiritismo mostra que os Homens e os Espíritos são Seres que reciprocamente se influenciam, pois são constituídos a partir da mesma essência e se sustentam na mesma potência, a força originária do Amor de Deus.

Essa é a gênese de cada um e de todos os Seres Inteligentes, o Amor do Criador, essa força divina absolutamente profícua, não somente pela perfeição da sua fonte, mas também por ter sido a nós facultada de modo a permitir que toda Criatura Inteligente evolua por méritos próprios e possa atender à sua destinação final, que é o aperfeiçoamento de todas as suas potencialidades, por meio da Caridade, o Amor em ação.

Como o Apóstolo Tiago que destacou a esterilidade da fé sem as obras, Kardec ressaltou a necessidade da Caridade, do agir no Amor, para que o Homem adquira forças para libertar-se dos grilhões que o mundo lhe impõe e cumpra sua trajetória de autorrealização, tornando-se senhor da sua própria Vida e salvador de si mesmo. Esta renovação moral da humanidade realizará a bem-aventurança exaltada por Jesus, a mais absoluta Felicidade, que só se efetiva no Amor ao próximo como a si mesmo, transformando toda a Terra.

Ao abdicar à sua bem sucedida carreira como pedagogo e à sua reconhecida autoridade como educador na França, já, desde aquela época, o berço da cultura mundial, Hippolyte Léon Denizard Rivail renunciou à vaidosa personalidade que a distinção pelo conhecimento acadêmico proporciona, submetendo-se humildemente ao trabalho do Cristo Redentor. Com essa postura corajosa, ele deu vida a Allan Kardec e se dedicou plenamente ao Espírito de Verdade, proporcionando aos aflitos nestes 160 anos a Consolação prometida por Jesus, apascentando as Almas famintas de Amor e saciando aquelas sedentas de Paz, fazendo do Espiritismo o farol que reflete plenamente a Luz do Cristo e se convertendo no décimo quarto Apóstolo do Senhor.

REFERÊNCIAS

AGOSTINHO, Santo. *Confissões.* São Paulo: Paulus, 1984. Pág. 446.

AQUINO, Tomás de. *A Prudência:* a virtude da decisão certa. Tradução de Jean Lauand. São Paulo: Martins Fontes, 2005. Pág. 118.

ARENS, Eduardo. *Ásia Menor nos Tempos de Paulo, Lucas e João.* São Paulo: Paulus, 1997. Pág. 211.

ARISTÓTELES. Ética à Nicômaco. Tradução de Edson Bini. São Paulo: Edipro, 2002. Pág. 287.

_____. *Metafísica.* Tradução de Giovanni Reale. São Paulo: Loyola, 2005. Pág. 695.

_____. *Órganon.* Tradução, textos adicionais e notas Edson Bini. São Paulo: Edipro, 2005. Pág. 608. (Série Clássicos Edipro).

ARNTZ, Willianm; CHASSE, Betsy; VICENTE, Mark. *Construindo Pontes entre Ciência e Religião.* Tradução de Doralice Lima. Rio de Janeiro: Prestígio Editorial, 2007. Pág. 276.

AUROBINDO, Shri. *Heráclito y Oriente*. Buenos Aires: Editorial Leviatan, 1982. Pág. 116.

_____. *La Vie Divine*. Pondichéry: Sri Aurobindo Ashram Trust, 2005. Pág. 1153.

A *Bíblia de Jerusalém*. São Paulo: Paulus, 2002. Pág. 2206.

CHARDIN, Pierre Teillard de. *O Fenômeno Humano*. São Paulo: Herder, 1970. Pág. 355.

CHIBENI, Silvio Senno. *A Excelência Metodológica do Espiritismo*. Disponível em: <http://www.espirito.org. br/portal/artigos/geeu/a-excelencia-metodologica. html>. Acesso em: 15 set. 2016.

_____. *Entrevista com Silvio Senno Chibeni*. Disponível em: <www.espirito.org.br/portal/artigos/geae/ entrevista-silvio-chibeni.html>. Acesso em: 20 set. 2016.

Coleção *Mistérios do Desconhecido*. São Paulo: Time-Life Editora e Abril Livros, 1996.

DAMÁSIO, Antonio R. *O Erro de Descartes*. São Paulo: Companhia das Letras, 2004. Pág. 330.

DAWKINS, Richard. *Deus, um Delírio*. São Paulo: Companhia das Letras, 2008. Pág. 520.

DENIS, Léon. *O Problema do Ser, do Destino e da Dor*. São Paulo: Petit, 2000. Pág. 447.

DOYLE, Arthur Conan. *História do Espiritismo*. São Paulo: Pensamento, 1960, Pág. 499.

DOSTOYEVSKI, Fiodor. *Duas Narrativas Fantásticas:* o sonho de um homem ridículo. São Paulo: Editora 34, 2003. Pág. 123.

FEYREBEND, Paul. *Contra o Método*. São Paulo: Unesp, 2003. Pág. 374.

FREUD, Sigmund. *Obras Completas*. Conferência XXX – Sonhos e Ocultismo. Rio de Janeiro: Imago, 1976.

_____. *Totem e tabu*. Rio de Janeiro: Imago, 2005. Pág. 164.

GANDHI, Mohandas. *O Bagvad Gitã segundo Gandhi*.

GIACOIA, Oswaldo. *Freud – além do princípio do prazer*. Rio de Janeiro: Civilização Brasileira, 2008. Pág. 103.

_____. *Nietzsche*. São Paulo: Publifolha, 2000. Pág. 88.

_____. *O Inconsciente no Século XXI*. Disponível em: <http://psicologiadareligião. les.wordpress. com/2007/11>. Acesso em: 10 out. 2016.

GIBIER, Paul. *O Espiritismo: faquirismo ocidental*. Rio de Janeiro: FEB, 2002. Pág. 238.

GOSWAMI, Amit. *A Física da Alma*. São Paulo: Aleph, 2008. Pág. 316.

_____. *A Janela Visionária*. São Paulo: Cultrix, 2006. Pág. 279.

GRANGER, Gilles. *A Ciência e as Ciências*. Tradução de Roberto Leal Ferreira. São Paulo: UNESP, 1994. Pág. 122.

GREENE, Brian. *O Universo Elegante*. São Paulo: Companhia das Letras, 2004. Pág. 476.

HAWKING, Stephen. *Uma Breve História do Tempo*. Rio de Janeiro: Rocco, 1988. Pág. 262.

_____. *O Universo numa Casca de Noz*. São Paulo: Mandarim, 2001. Pág. 215.

HEGEL, Friedrich. *Os Pensadores*. São Paulo: Nova Cultural, 2005. Pág. 464.

HERCULANO PIRES, J. *Agonia das Religiões*. São Paulo: Paidéia. 1984, Pág. 126.

_____. *O Espírito e o Tempo*. São Paulo: Paidéia, 2003. Pág. 228.

_____. *Pedagogia Espírita*. São Paulo: Edicel, 1979. Pág. 194.

_____. *Revisão do Cristianismo*. São Paulo: Paidéia. 1996. Pág. 235.

_____. *Vampirismo*. São Paulo: Paidéia, 2003. Pág. 148.

HUME, David. *Tratado da Natureza Humana*. São Paulo: Unesp, 2000. Pág. 711.

JUNG, Carl Gustav. *Os Arquétipos e o Inconsciente Coletivo*. Petrópolis: Vozes, 2002. Pág. 408.

KANT, Immanuel. *Crítica da Razão Prática*. São Paulo: Martins Fontes, 2003. Pág. 620.

_____. *Crítica da Faculdade do Juízo*. Tradução de Valério Rohden e Antonio Marques. 2. ed. Rio de Janeiro: Forense Universitária, 2002. Pág. 381.

_____. *Crítica da Razão Pura*. Tradução de Manuela Pinto dos Santos e Alexandre Fradique Morujão. 5. ed. Lisboa: Fundação Calouste Gulbekian, 2001. Pág. 680.

_____. *Fundamentação da Metafísica dos Costumes*. Tradução de Paulo Quintela. Lisboa: Edições 70, 1995. Pág. 118.

_____. *Metafísica dos Costumes: princípios metafísicos da doutrina da virtude*. Tradução: Artur Morão. Lisboa: Edições 70, 2004. Pág. 149. (Textos Filosóficos).

_____. *Observações Referentes a Sobre o Órgão da Alma*. Tradução e notas Zeljko Loparic. Campinas, 2003, Kant e-prints, vol. 2, n. 07.

_____. *A Religião nos Limites da Simples Razão*. Tradução de Artur Morão. Lisboa: Edições 70, 1992. Pág. 210.

KARDEC, Allan. *O Livro dos Espíritos*. Tradução Guillon Ribeiro. Rio de Janeiro: FEB, 2002. Pág. 494.

_____. *A Gênese*. Tradução de Victor Tollendal Pacheco. São Paulo: Edigraf, 1966. Pág. 366.

_____. *Coleção Revista Espírita*. Sobradinho: Edicel, 2002, Pág. 432.

_____. *Obras Póstumas*. São Paulo: Edigraf, 1966. Pág. 296.

_____. *O Evangelho Segundo o Espiritismo*. Tradução Guillhon Ribeiro. Rio de Janeiro: FEB, 2002. Pág. 435.

_____. *O Livro dos Médiuns*. Tradução J. Herculano Pires. São Paulo: Lake, 1999. Pág. 352.

LA MÈRE. *L'être Psychique:* nature, mission et évolution de l'âme. Pondichéry: Sri Aurobindo Ashran, 2009, Pág. 273.

NIETZSCHE, Friedrich. *Genealogia da Moral:* uma polêmica. São Paulo: Companhia das Letras, 2005. Pág. 177.

_____. *O Anticristo e Ditirambos e Dionísio*. São Paulo: Companhia das Letras, 2007. Pág. 169.

_____. *Vida e Obra*. Pesquisa de Olgária Chaim Ferez. São Paulo: Nova Cultural, 2005. Pág. 464. (Coleção Os Pensadores)

PARNIA, Sam. *O Que Acontece Quando Morremos?* São Paulo: Editora Larousse, 2008. Pág. 237.

PETERS, Ted; BENNETT, Gaymon (Org.). *Construindo Pontes entre a Ciência e a Religião*. Tradução: Luiz

Carlos Borges. Supervisão científica: Eduardo R. Cruz. São Paulo: Unesp, 2003. Pág. 317.

PLATÃO. *Vida e Obra*. São Paulo: Nova Cultural, 2004. Pág. 191. (Coleção Os Pensadores).

_____. *Sócrates*. São Paulo: Nova Cultural, 2004. Pág. 189. (Coleção Os Pensadores).

PROPHET, Elizabeth Clare. *Reencarnação, o Elo Perdido do Cristianismo*. Rio de Janeiro: Nova Era, 1999. Pág. 364.

RATZINGER, Joseph. Congregação Para a Doutrina da Fé: *Declaração "Dominus Iesus" Sobre a Unicidade e a Universalidade Salvífica de Jesus Cristo e da Igreja*. Disponível em: <http://www.vatican.va/roman_curia/congregations/cfaith/documents/rc_con_cfaith_doc_20000806_dominus-iesus_po.html>. Acessado em: 05 out. 2016.

RINPOCHE, Sogyal. *O Livro Tibetano do Viver e do Morrer*. São Paulo: Talento e Palas Athena, 2008. Pág. 530.

SARAMAGO, José. *A Jangada de Pedra*. São Paulo: Companhia das Letras, 2003. Pág. 317.

SARAWASTI, Swami Dayananda. *As Upanishads e o Autoconhecimento*. Tradução de Gloria Arieira. Rio de Janeiro: Vidya-Mandir, 2008. Pág. 85.

SCHOPENHAUER, Arthur. *O Mundo como Vontade e como Representação*. Tradução, apresentação, notas e índices Jair Barboza. São Paulo: Unesp, 2005. Pág. 695.

SEARLE, John R. *A Redescoberta da Mente*. São Paulo: Martins Fontes, 2006. Pág. 379.

WILLIAN, Arntz. *Quem Somos Nós?* Rio de Janeiro: Prestígio Editorial, 2007. Pág. 276.

No ano de 1963, Francisco Cândido Xavier ofereceu, a um grupo de voluntários, o entusiasmo e a tarefa de fundarem um Anuário Espírita. Nascia, então, o Instituto de Difusão Espírita - IDE, cujo nome e sigla foram também sugeridos por ele.

A partir daí, muitos títulos foram sendo editados, e o Instituto de Difusão Espírita, entidade assistencial sem fins lucrativos, mantém-se fiel à sua finalidade de divulgar a Doutrina Espírita através da IDE Editora, tendo como foco principal as Obras Básicas da Codificação, sempre a preços populares, além dos seus mais de 300 títulos em português e espanhol, muitos psicografados por Chico Xavier.

O Instituto de Difusão Espírita conta também com outras frentes de trabalho, voltadas à assistência e promoção social, como albergue noturno, acolhimento de migrantes, itinerantes, pessoas em situação de rua, acolhimento e fortalecimento de vínculos para mães e crianças, oficinas de gestantes, confecção de enxovais para recém-nascidos, fraldas descartáveis infantis e geriátricas, assistência à saúde e auxílio com cestas básicas, leite em pó, leite longa vida, para as famílias em situação de vulnerabilidade social, além dos trabalhos de evangelização infantil, mocidade espírita, artes (teatro, música, dança, artes plásticas e literatura), cursos doutrinários e passes.

Este e outros livros da **IDE Editora** subsidiam a manutenção do baixíssimo preço das **Obras Básicas, de Allan Kardec,** mais notadamente, "O Evangelho Segundo o Espiritismo", edição econômica.

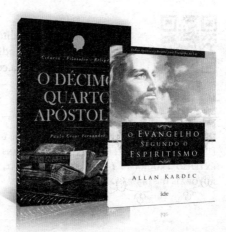

ideeditora.com.br

Acesse e cadastre-se para receber
informações sobre nossos lançamentos.

twitter.com/ideeditora
facebook.com/ide.editora
editorial@ideeditora.com.br

ide

IDE Editora é apenas um nome fantasia utilizado pelo INSTITUTO DE DIFUSÃO ESPÍRITA, entidade sem fins lucrativos, que promove extenso programa de assistência social, e que detém os direitos autorais desta obra.